Vivre la Nature

VOIR
LE CIEL

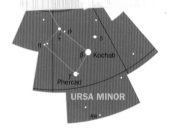

Texte
Storm Dunlop

Conseiller scientifique
de l'édition française
Denys Samain
Vice-président de la
Société Astronomique de France

Flammarion

Ce livre étant le résultat d'une coédition internationale,
le nom des étoiles et des constellations figurant sur les cartes
du ciel est le nom scientifique (latin, la plupart du temps),
conformément à l'usage international.

Avertissement

Les astronomes utilisent tous la même heure de référence
appelée **Temps Universel** (TU). Cette heure correspond à
l'heure du méridien origine des longitudes, le méridien de
Greenwich (heure appelée encore quelquefois heure GMT,
c'est-à-dire Greenwich Mean Time).

Par souci d'uniformisation, les heures d'observation du ciel
correspondant aux cartes des différents mois sont toutes
données en Temps Universel (TU).

Ces cartes seront donc valables en France à condition
d'ajouter 1 heure l'hiver au temps TU donné et 2 heures
l'été, tant que cette heure d'été reste en application.

Tous les points situés en France sur le même méridien que
Greenwich (rappelons que la longitude 0 correspond à peu
près à celle de Bordeaux) auront exactement, après
correction de l'heure, le ciel de la carte.

Pour les autres longitudes (Brest ou Strasbourg, par
exemple), on pourra constater quelques écarts de l'ordre
d'une trentaine de minutes au maximum.

Cartes et schémas : Wil Tirion
Traduction : Gisèle Pierson
Mise en pages : Ariane Aubert

N° d'édition : FT1339-03
ISBN : 2-0820-1339-1
Dépôt légal : mai 2005
Imprimé à Hong Kong

INTRODUCTION

Ce livre fut inspiré par les commentaires de divers groupes d'étudiants suivant des cours d'astronomie pour adultes. La plupart des débutants sont émerveillés et stupéfaits du « nombre incroyable » d'étoiles illuminant le ciel qu'ils contemplent de leur jardin ou leur fenêtre. Après quelques séances d'initiation sur les pelouses de l'Université et quelques conseils pour situer et reconnaître certaines constellations, tout commença à se mettre en place. Bientôt, ils ne se contentèrent plus de localiser simplement les constellations avec leurs jumelles mais identifiaient les planètes et rivalisaient pour trouver le plus grand nombre d'étoiles dans les Pléiades ou de cratères sur la Lune.

Curieusement, bien qu'il existe de nombreux et excellents livres sur l'astronomie, comportant souvent des descriptions détaillées des diverses constellations, très peu s'adressent réellement aux débutants, en leur montrant comment progresser à partir d'une culture astronomique inexistante, jusqu'à ce qu'ils soient capables de reconnaître toutes les constellations visibles dans l'hémisphère Nord, ce qui est en fait le but de ce livre. Aucun équipement n'est nécessaire, bien que des jumelles soient utiles. Vous serez probablement surpris de constater avec quelle rapidité vous deviendrez familier avec les figures représentées par les étoiles.

Naturellement, un livre de ce genre ne peut être qu'une initiation. L'astronomie est un passe-temps qui peut se conjuguer à plusieurs niveaux, de la simple observation du ciel nocturne aux investigations scientifiques de l'amateur éclairé. Ce guide se consacre uniquement aux objets célestes pouvant être observés avec un équipement optique minimum ou inexistant. J'espère qu'il représentera pour vous la porte d'accès à l'astronomie, qui est non seulement la plus ancienne de toutes les sciences, mais aussi probablement la plus fascinante.

COMMENT UTILISER CE LIVRE

Ce livre a pour but de vous aider à naviguer dans le ciel, pour que vous soyez capable de reconnaître les différentes constellations. Il vous aidera également à situer certains objets célestes parmi les plus brillants. La première partie *(pages 10-17)* est une introduction générale à l'astronomie à l'œil nu et avec des jumelles, et apporte quelques conseils généraux sur l'observation et la photographie du ciel nocturne. Elle est suivie d'une courte explication *(pages 18-29)* des règles de base de l'astronomie qui vous aidera à prendre un bon départ.

Si vous êtes totalement débutant, commencez par étudier les constellations décrites *pages 30-35*, toujours visibles quand le ciel nocturne est dégagé. La plupart des constellations n'étant pas visibles toute l'année, la deuxième partie *(pages 38-109)* donne une série de cartes, deux pour chaque mois, l'une montrant le ciel, face au nord, et l'autre, face au sud. Selon l'époque de l'année, vous pourrez commencer au mois approprié. Vous trouverez aussi chaque mois une description détaillée de la manière de trouver deux ou trois constellations différentes. Si vous suivez les cartes pour toute l'année, vous aurez appris à situer toutes les constellations visibles à l'œil nu sous ces latitudes.

La Lune étant facile à observer, vous trouverez *pages 114-127* des cartes montrant ses diverses phases. Les planètes se déplaçant d'une constellation à l'autre peuvent créer quelque confusion, même pour les astronomes confirmés. La partie suivante *(pages 134-153)* contient donc une série de cartes pour plusieurs années à venir, qui vous permettront de situer chaque planète. Consultez les pages concernant l'année en cours pour savoir où se trouvent les planètes dans le ciel.

Vous trouverez *pages 154-167*, des détails supplémentaires sur les divers types d'événements ou de phénomènes pouvant se produire dans le ciel nocturne. La dernière partie *(page 168-251)*, décrit individuellement chaque constellation visible dans l'hémisphère Nord, avec quelques détails sur les objets célestes les plus intéressants. Les mois les plus propices à l'observation sont indiqués en vert clair sur le calendrier et la légende des symboles utilisés se trouve *page 167*.

SOMMAIRE

Le ciel nocturne 6
Premiers conseils
    pour observer le ciel 10
Choix et utilisation
    des jumelles.................12
Photographier
    le ciel nocturne 16
La sphère céleste 18
La partie visible
    du ciel 20
Les changements
    du ciel 22
Mouvements du Soleil,
    de la Lune
    et des planètes.............24
Noms des étoiles et autres
    objets célestes 28
Les étoiles
    circumpolaires.............30
Comment utiliser
    les cartes mensuelles.......36
Cartes mensuelles :
    Janvier 38
    Février....................44
    Mars......................50
    Avril 56
    Mai.......................62
    Juin 68
    Juillet.....................74
    Août 80
    Septembre.................86
    Octobre 92
    Novembre 98
    Décembre 104
Les phases
    de la Lune 110
La surface
    de la Lune 112

La Lune :
    À 3 jours 114
    À 7 jours 116
    À 10 jours 118
    À 14 jours 120
    À 18 jours 122
    À 22 jours 124
    À 25 jours 126
Éclipses 128
Les constellations
    du Zodiaque 132
Les planètes en 2004 134
Les planètes en 2005 138
Les planètes en 2006 142
Les planètes en 2007 146
Les planètes en 2008 150
Aurores boréales.............154
Nuages nocturnes
    luminescents 156
Météores
    et météorites 158
Satellites artificiels 161
Comètes 162
Étoiles et objets
    célestes 166
Les constellations 168
Index 252
Bibliographie
    et adresses utiles 255

LE CIEL NOCTURNE

Par une nuit sombre, sans lune et loin des lumières de la ville, le ciel paraît rempli de milliers d'étoiles éparpillées apparemment au hasard sur la voûte céleste. La plupart des gens sont si impressionnés par le nombre des étoiles qui s'offrent à leurs yeux, qu'ils ont l'impression de ne jamais pouvoir réussir à les identifier. En fait, les apparences sont trompeuses, seules 2 000 étoiles étant visibles en même temps, même dans les conditions les plus favorables. Il n'est certainement pas indispensable de les reconnaître toutes. Les plus brillantes sont faciles à distinguer, ce qui vous permettra de vous orienter. Très rapidement, vous serez également capable d'identifier un grand nombre d'étoiles moins brillantes.

Depuis l'Antiquité, les hommes ont donné des noms aux différents groupes d'étoiles et le système utilisé aujourd'hui dans le monde entier n'a pas changé, il a simplement évolué au cours des siècles. Il contient les éléments introduits par les premiers astronomes babyloniens, grecs, romains et arabes. Avant que le ciel ait été divisé, par accord international, en 88 **constellations** aux limites définies, les différences d'interprétation étaient considérables. De même, les différents groupes d'étoiles portaient à l'origine les noms de diverses entités mythologiques, êtres, animaux ou plus tard, objets particuliers. Là encore, les noms latins des constellations sont reconnus par les astronomes du monde entier, et sont donc utilisés dans ce livre. Certaines étoiles, à l'intérieur de constellations individuelles, peuvent former des schémas particulièrement distincts, connus sous le nom d'**astérismes.** Le groupe d'étoiles familier de la **Grande Ourse** est en fait un astérisme, parce qu'il fait partie de la constellation beaucoup plus grande d'Ursa Major. Les sept étoiles de la Grande Ourse sont notre point de départ pour nous orienter dans le ciel.

La taille des constellations est très variable. Certaines s'étalent sur de vastes régions du ciel, d'autres sont beaucoup plus petites. Certaines contiennent plusieurs étoiles brillantes, d'autres sont faiblement lumineuses et difficiles à trouver. Ce livre étudie les constellations les plus importantes et généralement faciles à identifier. En outre, étant destiné spécifiquement à l'hémisphère Nord, il omet les constellations visibles seulement de l'hémisphère Sud.

Éparpillées dans le ciel se trouvent des rassemblements d'étoiles plus denses appelés **amas.** Quelques-uns sont visibles à l'œil nu mais vous pouvez en apercevoir beaucoup plus avec des jumelles. Quand tout est bien sombre autour de vous, il est possible de voir la Voie lactée, large bande irrégulière de lumière s'étirant d'un bout à l'autre du ciel. Elle consiste en fait en millions d'étoiles qui paraissent serrées les unes contre les autres et ne sont qu'une petite partie de la Galaxie. Une seule autre galaxie (celle d'Andromède) est visible à l'œil nu (peut-être deux si vous avez de bons yeux), mais les jumelles en révèlent d'autres, sous forme de faibles taches lumineuses.

Beaucoup d'autres objets célestes occupent le ciel nocturne. La **Lune**, qui passe par toutes ses phases au cours du

Les cratères étoilés se détachent parfaitement sur la Pleine Lune.

mois, est le plus visible, mais cinq planètes connues depuis l'Antiquité sont également visibles à l'œil nu. Des trois **planètes** restantes, une seule, Uranus, est à peine détectable à l'œil nu dans de bonnes conditions et vous pourrez apercevoir les quatre principaux **satellites** de Jupiter avec des jumelles.

L'orbite de la Lune l'entraîne parfois dans l'ombre de la Terre, en donnant lieu à une **éclipse de Lune** *(page 130)*. Contrairement à ce que l'on pourrait penser, il existe de grandes différences entre les diverses éclipses, chacune d'elles valant la peine d'être observée. Bien qu'elles surviennent dans le ciel diurne, les **éclipses de Soleil** *(page 128)* présentent elles aussi de grandes différences.

Viennent ensuite les **météores**, parmi lesquelles les **météorites** ou étoiles filantes, parfois en très grand nombre et qui traversent le ciel à grande vitesse. La plupart sont peu brillants mais, en de rares occasions, l'un peut être assez lumineux pour éclairer tout le ciel. En contraste, les **comètes** que l'on peut apparenter aux météores, se déplacent plus lentement. Certaines, comme la Comète Hyakutake en 1996 et la Comète Hale-Bopp en 1997, peuvent devenir très brillantes quand leur queue s'étale.

Plus près de nous, **l'aurore polaire** se produit dans la haute atmosphère en donnant un merveilleux spectacle particulièrement féerique pendant les longues nuits sombres de l'hiver. En été, les observateurs privilégiés auront peut-être la chance de voir des **nuages luminescents**, les plus hauts nuages de la Terre, brillant au Nord vers minuit. Outre tous ces phénomènes naturels cependant, on trouve des objets fabriqués par l'homme, les **satellites artificiels** qui tournent en orbite autour de la Terre et peuvent être vus toutes les nuits.

Lune	p. 110-127
comètes	p. 162-165
aurores	p. 154-155
nuages luminescents	p. 156-157
planètes	p. 134-153
météores et météorites	p. 158-160
éclipses	p. 128-131

La Grande Ourse.

PREMIERS CONSEILS
POUR OBSERVER LE CIEL

Cela peut paraître évident, mais l'observation se faisant la nuit, vous devez porter des vêtements chauds. De même, évitez de vous tenir sur l'herbe (en particulier l'herbe mouillée), les pieds se refroidissant rapidement. Certains affirment, pas toujours en plaisantant, que les bons astronomes portent deux paires de chaussettes. En outre, 25 % de la chaleur du corps étant perdue par la tête, un chapeau n'est pas inutile.

Il vous faut aussi une base d'observation sombre, ce qui est parfois difficile à trouver en ville. Essayez cependant de découvrir un endroit où aucune lumière ne tombe directement sur vous. La pollution lumineuse, surtout dans les sites urbains, efface les étoiles de faible intensité, ce qui est un avantage pour les débutants pour se repérer, seules les étoiles les plus brillantes étant visibles.

Si possible, laissez assez de temps à vos yeux pour s'accoutumer à l'obscurité. Cette adaptation au « noir » n'est pas seulement le changement presque instantané de la taille de la pupille, mais une augmentation de l'acuité visuelle qui demande environ 15 à 20 minutes ou plus. À condition que l'œil reste dans le noir, il devient peu à peu capable de détecter des objets peu lumineux. Il est alors plus sensible à la lumière verte et moins à la rouge. Les astronomes éclairent toujours leurs cartes avec une lumière rouge, pour ne pas perdre leur adaptation à l'obscurité. Une lampe électrique recouverte d'un plastique ou de cellophane rouge convient parfaitement.

L'observation des constellations haut dans le ciel est toujours difficile. En été, vous aurez envie de vous coucher sur l'herbe, mais il vaut mieux vous asseoir sur un siège de jardin inclinable. Un fauteuil avec des accoudoirs est pratique si vous utilisez des jumelles, dont nous parlerons plus en détail *pages 12-15.*

Estimation des distances sur le ciel

Il est souvent utile de pouvoir faire une estimation rapide des distances sur le ciel, particulièrement pour vos premières observations, quand vous essayez de vous repérer. Certains débutants trouvent difficile de passer de la carte au ciel, à cause de la différence d'échelle et presque tous surestiment la taille des constellations dans le ciel.

La méthode la plus simple est la main, bras tendu. Un doigt fait un peu plus de 1° sur le ciel, ce qui donne deux fois la taille de la pleine Lune. La distance d'un bout à l'autre des jointures est d'environ 7°, le poing fermé fait 10° et la main ouverte environ 22°. Vous pouvez aussi tenir à bout de bras une règle graduée en centimètres, 1 cm représentant approximativement 1°. Dans l'obscurité cependant, il est plus facile d'utiliser votre main.

Les étoiles de la Grande Ourse servent aussi de guide. La distance entre les Gardes est environ 5,5°, celle entre les étoiles du haut de la « Casserole » de 10° et la longueur totale de la Grande Ourse de 25°.

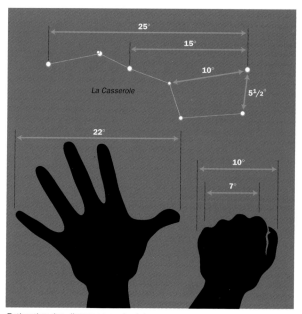

Estimation des distances sur le ciel.

CHOIX ET UTILISATION DES JUMELLES

Les débutants s'imaginent souvent que l'astronomie est impossible sans lunette ou télescope, ce qui est complètement faux. De nombreux amateurs éclairés, qui effectuent de précieuses observations scientifiques, n'utilisent que des jumelles. La plupart des petits télescopes vendus pour l'astronomie ne permettant pas de regarder quoi que ce soit, sauf peut-être la Lune, résistez à la tentation de vous précipiter pour en acheter un. Si votre famille est généreuse, essayez de la dissuader de vous offrir ce genre d'appareil.

Il vaut beaucoup mieux commencer avec des jumelles, mais plusieurs facteurs sont à considérer pour faire votre choix. Les jumelles sont définies par deux chiffres, représentant le grossissement et l'ouverture, tels que « 8 x 40 », « 7 x 50 » ou une autre combinaison. Le premier est celui du grossissement et le second de l'ouverture (diamètre utile en millimètres) de la lentille de l'**objectif.**

En astronomie, plus grand est le diamètre, meilleur est le résultat, mais si les jumelles sont tenues à la main (dans la plupart des cas), tout ce qui dépasse environ 50 mm sera trop lourd pour être maintenu stable assez longtemps. La plupart des jumelles plus grandes doivent reposer sur un support et sont beaucoup plus coûteuses. De même les grossissements de plus de 8 ne conviennent pas pour les jumelles tenues à la main (les jumelles à zoom ne sont pas recommandées pour l'astronomie).

Même si le grossissement n'est pas donné, il est facile de le déterminer. Tenez les jumelles en l'air, loin des yeux, objectif vers le haut, devant une surface unie illuminée (comme le ciel). Dans chaque oculaire, vous verrez un petit cercle lumineux appelé **pupille de sortie.** Mesurez son diamètre en tenant une règle graduée contre l'oculaire. Divisez le diamètre de l'objectif par celui de la pupille de sortie et vous aurez le grossissement. (La même méthode s'applique au télescope.) Pour une utilisation en astronomie, le diamètre de la pupille de sortie ne doit pas excéder 7 mm, ce qui correspond à peu près à des jumelles de 7 x 50.

La pupille de sortie doit aussi être parfaitement circulaire. Dans le cas contraire, les prismes internes couperaient une partie de la lumière. Ce défaut est très courant dans certaines jumelles bon marché.

Toutes les optiques, externes et internes, devraient de préférence être traitées antireflets. Le traitement est teinté de violet ou d'ambre. Les jumelles coûteuses sont entièrement antireflets, mais les instruments bon marché ne sont souvent traités que sur les surfaces externes. Vérifiez en tenant les jumelles sous une rampe lumineuse et en les déplaçant jusqu'à ce que vous voyiez les petites images réfléchies de la lumière sur les diverses surfaces optiques internes. Une image blanche dénote une surface non traitée antireflets. Vérifiez l'objectif et l'oculaire.

Vérifiez la netteté de l'image avec chaque oculaire, puis avec les deux. Pour ce test, dirigez les jumelles sur un objet très lointain. Les meilleures jumelles comportent un réglage sur chaque oculaire. Si vous portez des lunettes et si vous n'êtes pas astigmate, assurez-vous que la correction obtenue est suffisante quand vous les enlevez.

Essayez de trouver un objet lointain présentant un fort contraste noir et blanc (comme le côté d'un bâtiment dans l'ombre, contre le ciel lumineux). Il ne doit y avoir aucune frange colorée, ce qui se produit souvent dans les anciennes jumelles.

Pour finir, faites le test le plus important. Trouvez un objet lointain avec une ligne horizontale régulière et nettement définie, comme le haut d'un toit. Visez l'objet, puis éloignez lentement les jumelles de vos yeux, jusqu'à ce que vous voyiez deux images séparées. Avec de bonnes jumelles, les deux images du toit seront alignées horizontalement, comme indiqué dans le diagramme *(page suivante)*. Dans de nombreuses jumelles, un côté apparaîtra légèrement plus haut que l'autre *(deuxième diagramme)*. S'ils sont parallèles et pas trop éloignés, vos yeux vont en fait compenser cette erreur. Mais si une image est inclinée par rapport à l'autre *(troisième diagramme)*, votre cerveau essayera inconsciemment de redresser les images de vos yeux pour compenser, ce qui conduit à une fatigue oculaire considérable. Ce problème est le plus important que vous pouvez rencontrer et vous devez l'éviter à tout prix.

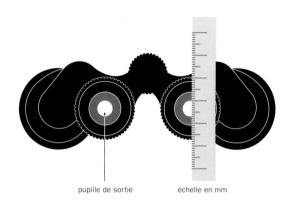

pupille de sortie   échelle en mm

Mesure de la pupille de sortie des jumelles

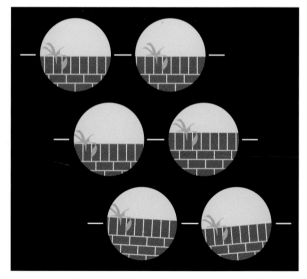

Test d'alignement des jumelles

Utilisation des jumelles

L'image donnée par les jumelles est de meilleure qualité si vous pouvez les maintenir parfaitement stables. (L'amélioration apportée par les jumelles à image stabilisée, très chères, que l'on trouve aujourd'hui sur le marché est spectaculaire). Évitez de pencher la tête trop en arrière. Si vous utilisez un siège de jardin inclinable, posez vos coudes sur les accoudoirs. Si vous êtes debout, appuyez-vous contre un mur ou reposez vos coudes sur un support quelconque. Vous pouvez aussi attacher une ficelle solide au milieu des jumelles. Si vous maintenez une extrémité et tendez doucement l'autre vers le haut, vous constaterez que l'image est améliorée.

Lorsqu'il fait froid, de la buée peut se déposer sur l'objectif et l'oculaire, et les brouiller. Il est facile de réaliser pour les objectifs un « pare-buée » avec du carton noir mat, dépassant les lentilles de 5 à 6 cm. Les oculaires sont plus difficiles à protéger, les lentilles étant exposées à l'air tiède et humide près de vos yeux. La seule chose que vous pouvez faire est de les éventer avec un morceau de carton, pour empêcher la buée de se déposer. Si les lentilles sont embuées, à la fin de la séance d'observation, vérifiez que la buée s'est évaporée avant de ranger les jumelles.

Traitez les jumelles avec soin. Passez toujours la courroie de soutien autour du cou et évitez de les heurter. Les jumelles bon marché sont peu protégées et leurs prismes peuvent se dérégler après un choc, en entraînant les défauts optiques indiqués plus haut. Les jumelles à prismes-en-toit sont plus solides mais beaucoup plus chères.

Pour finir, bien que ce qui précède concerne les jumelles, les jumelles de théâtre d'autrefois ont aussi leur usage. Les plus anciennes ne possèdent pas les raffinements modernes, tel que le traitement antireflets, mais leur faible grossissement de 3 ou 4 donnent d'excellentes images d'ensemble de la Voie lactée et d'autres parties du ciel.

PHOTOGRAPHIER LE CIEL NOCTURNE

Prendre des photographies du ciel nocturne n'a rien de compliqué. Certaines personnes trouvent difficile de relier les cartes avec ce qu'elles voient dans le ciel et préfèrent apprendre les constellations d'après des photographies plus réalistes.

Presque tous les appareils photographiques conviennent, bien qu'il ne soit pas nécessaire d'avoir une pose « B », pour faire des poses de plusieurs secondes. Le seul problème est l'absence de commande mécanique sur beaucoup d'appareils modernes qui sont dépendants des piles pour actionner l'obturateur, ou le miroir pour les appareils reflex. De longues poses pouvant vider rapidement les piles, vérifiez ce point auprès du fabricant.

Outre un trépied, il vous faut un déclencheur souple. Les vibrations devant être évitées à tout prix, certains photo-

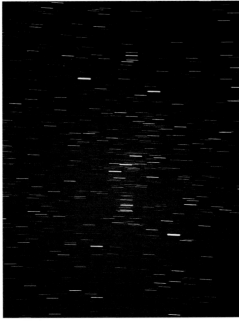

Pose de cinq minutes sur la constellation d'Orion.

graphes préfèrent ne pas utiliser l'obturateur pour contrôler la pose, mais tiennent un carton noir ou autre objet devant l'objectif (un chapeau noir convient parfaitement). L'exposition se fait en enlevant, puis replaçant le carton (ou le chapeau) après le temps approprié.

Les lentilles standard de 50 mm de la plupart des appareils utilisant des films de 35 mm, couvrent environ 35 x 47° du ciel, ce qui est suffisant pour certaines des constellations les plus intéressantes, comme Orion. À pleine ouverture et avec un film 400 ISO, essayez des poses de 10, 15, 20 et 30 secondes. Les étoiles apparaîtront sous forme de courtes traces. Si le ciel est sombre, vous pouvez prolonger la pose pour réaliser des clichés spectaculaires avec de longues traces, bien que les constellations soient alors difficiles à reconnaître. Les régions favorites sont Orion et la Petite Ourse qui montrent respectivement des traînées droites et circulaires.

Utilisez toujours un pare-soleil, qui non seulement empêche les rayons lumineux indésirables d'atteindre l'objectif, mais supprime également la buée. Un filtre neutre, qui protège l'objectif de la buée et autres dommages éventuels, est vivement conseillé, même s'il entraîne une légère perte de lumière.

Le choix du film est un peu délicat. Les films classiques à négatifs sont pratiques, mais les techniques de tirage ont tendance à accentuer le fond au détriment des étoiles. Les diapositives conviennent mieux et les Ektachromes sont remarquables pour donner des fonds noirs (et non verdâtres). Demandez toujours que l'on vous renvoie les films d'astronomie sans les couper, les machines ayant souvent du mal à situer les bords des images noires et risquant de les couper en leur milieu.

Viser une région donnée peut poser quelques problèmes. Avec certains appareils, l'image vue à travers le viseur est trop faible pour distinguer les étoiles. Vous devrez alors estimer d'un coup d'œil la région interceptée dans le viseur. Ne soyez pas désappointé si l'image de la Lune paraît extrêmement petite. Avec une lentille de 50 mm, elle fait environ le centième de la largeur du champ total. Il faut une lentille de focale plus grande pour obtenir une image plus grosse. Vous devez aussi apprendre à diriger le support de l'appareil photo vers la Lune. Essayez quand vous serez plus assuré.

LA SPHÈRE CÉLESTE

Il est bon de connaître le vocabulaire employé pour les différentes parties du ciel. Toutes les étoiles et autres objets célestes paraissent fixés sur une vaste sphère appelée la **sphère céleste**. En un lieu donné, la moitié de cette sphère se trouve pour l'observateur sous l'horizon. Le point situé directement au-dessus de votre tête est le **zénith** et celui sous vos pieds le **nadir**. Le plan vertical Nord-Sud et passant par le zénith est le **méridien**. Tous les objets célestes sont à leur élévation maximale quand ils traversent le méridien. La position d'un astre peut être repérée par sa hauteur au-dessus de l'horizon, mesurée en degrés, et par son **azimut**. Ce dernier est mesuré sur l'horizon à partir du plan vertical Nord (0°), vers l'Est (90°), le Sud (180°) et l'Ouest (270°), jusqu'au plan vertical passant par l'astre.

La sphère céleste paraît tourner d'est en ouest, autour d'un axe passant par les **pôles célestes Nord** et **Sud**, qui coïncide

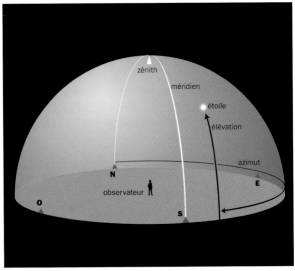

Termes importants se rapportant aux parties du ciel vues par l'observateur.

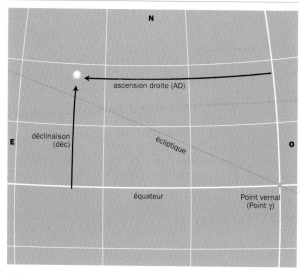

Définitions des coordonnées célestes d'une étoile.

avec l'axe de rotation de la Terre. Comme sur la Terre, **l'équateur céleste** divise le ciel en hémisphères Nord et Sud.

Bien que cela ait peu d'utilité dans ce livre, il est intéressant de savoir comment les astronomes déterminent la position exacte des objets dans le ciel. Ils utilisent un système de **déclinaison** et d'**ascension droite**, qui correspondent à la latitude et la longitude. La déclinaison, comme la latitude, se mesure en degrés au nord ou au sud de l'équateur (céleste). L'ascension droite, contrairement à la longitude, ne se mesure pas en degrés mais, comme la journée, elle est divisée en 24 heures, de 60 minutes, subdivisées en 60 secondes.

Bien que les valeurs d'ascension droite et de déclinaison soient indiquées sur les cartes de chaque constellation à la fin de ce livre, elles ne sont pas utilisées dans les cartes d'introduction et les cartes mensuelles.

LA PARTIE VISIBLE DU CIEL

Les constellations que vous pouvez voir au cours de la nuit ou à un moment donné de l'année, dépendent de votre latitude. À l'équateur vous pouvez observer chaque étoile du ciel à certains moments de l'année. Aux pôles Nord et Sud, au contraire, la moitié du ciel est toujours au-dessus de l'horizon et l'autre moitié est invisible de façon permanente.

Un observateur regardant toute la nuit le ciel de l'hémisphère Nord, constate que certaines étoiles et constellations restent toujours visibles, même si leur position apparente change avec la rotation de la Terre. Ces étoiles, appelées **circumpolaires,** restent au-dessus de l'horizon (même le jour) et paraissent tourner autour d'un point fixe du ciel, le pôle Nord céleste *(page 18)*. Les observateurs de l'hémisphère Nord sont privilégiés, parce qu'une étoile brillante appelée Étoile polaire (Polaris) est située tout près de ce point.

Les clichés à longue exposition montrent nettement comment les étoiles circumpolaires tournent autour de ce point du ciel, une fois par jour. L'Étoile polaire elle-même

Trace d'un satellite traversant la Petite Ourse (Étoile polaire sur la gauche).

Étoiles circumpolaires Nord, temps de pose d'une heure.

laisse une mince traînée sur les photographies, parce qu'elle n'est pas située exactement au pôle Nord céleste. (Aucune étoile brillante ne se trouvant près du pôle Sud céleste, les étoiles de l'hémisphère Sud paraissent encercler une grande région vide du ciel.)

L'importance de la région circumpolaire dans le ciel nocturne devient de plus en plus grande au fur et à mesure que l'on se rapproche du pôle Nord. Étant donné que les constellations circumpolaires sont toujours visibles par nuit claire, c'est elles qu'il faut étudier en premier. Elles sont décrites *pages 30-35*. Lorsque vous aurez appris à les reconnaître, elles vous aideront à distinguer les constellations qui ne sont visibles qu'une partie de la nuit ou seulement lors de certaines périodes de l'année.

Les étoiles situées hors de la région circumpolaire disparaissent sous l'horizon durant une petite partie de la nuit, mais restent visibles au cours de la plupart des nuits. Celles qui sont proches de l'Équateur céleste sont au dessus de l'horizon pendant à peu près six heures les nuits où l'on peut les voir, et demeurent invisibles durant six mois de l'année.

LES CHANGEMENTS DU CIEL

L'aspect du ciel change au cours de la nuit, d'un jour à l'autre et au cours de l'année, ce qui peut rendre perplexe l'observateur occasionnel. Lorsque vous aurez compris les raisons de ces changements, ils cesseront de vous poser des problèmes.

Ces variantes sont dues à trois causes principales. La plus simple à comprendre est la rotation de la Terre. Curieusement, alors que tout le monde sait que le Soleil paraît traverser le ciel non parce qu'il se déplace mais parce que la Terre tourne sur son axe, bien des gens ne réalisent pas que les étoiles l'imitent pour la même raison. Si vous regardez le Sud juste après le coucher du Soleil par exemple, vous verrez des étoiles complètement différentes de celles que vous voyez avant son lever.

Les autres causes de ces changements de l'aspect du ciel sont décrites plus loin. Elles sont en relation avec les saisons *(page 24)* et les mouvements de la Lune *(page 25)* et des planètes *(pages 25-27)*.

Notre journée civile de 24 heures (ou **jour solaire**) est établie sur le mouvement apparent du Soleil. C'est le laps de

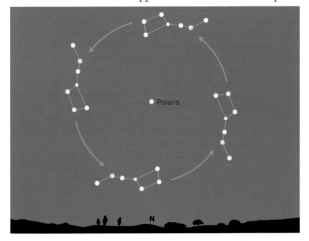

La Grande Ourse à 22 heures, en hiver (à droite), printemps, été et automne.

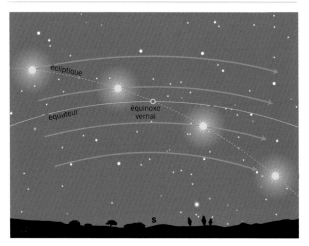

Mouvement du Soleil à l'équinoxe de printemps.

temps moyen de midi à midi, heure à laquelle le Soleil traverse le méridien. En fait, par rapport aux étoiles éloignées, la période de rotation vraie de la Terre (**jour sidéral**) fait un peu moins de 24 heures (23 h 56 m 4 s). Cette différence de près de quatre minutes se produit parce que, pendant la journée, la Terre se déplace sur son orbite et doit tourner un peu plus pour que le Soleil se retrouve à la même position dans le ciel.

Cela signifie que par rapport au Soleil (et à nos pendules) et indépendamment de leur rotation quotidienne, les constellations se déplacent lentement dans le ciel d'Est en Ouest au cours de l'année. Les constellations qui se trouvaient dans le ciel nocturne depuis des mois, s'enfoncent à l'occident et ne sont plus visibles après le coucher du Soleil. De même, de nouvelles constellations commencent à devenir visibles à l'Est juste après le lever du Soleil, et apparaissent lentement de plus en plus tôt dans la nuit, puis finissent par disparaître au crépuscule. Le cycle complet dure une année.

Mouvements du Soleil, de la Lune et des Planètes

Chacun sait que le trajet apparent du Soleil sur le ciel (**l'écliptique**) est plus haut en été qu'en hiver, ceci parce que l'axe de la Terre n'est pas perpendiculaire à son orbite, mais incliné de 23° 27'. (S'il était perpendiculaire, l'écliptique et l'équateur céleste coïncideraient et nous n'aurions pas de saisons.) Le Soleil atteint son plus haut point au **solstice** d'été (le 20 ou 21 juin) et le plus bas au solstice d'hiver (le 21 ou 22 décembre). Les légères variations de date se produisent parce que le nombre de jours de notre année civile est de 365 ou 366, pour s'ajuster sur l'année tropique qui n'est pas un nombre entier.

Au cours de son trajet apparent sur l'écliptique, le Soleil traverse deux fois l'équateur céleste : du Sud au Nord à l'**équinoxe** de printemps (le 20 ou 21 mars), et du Nord au Sud à l'équinoxe d'automne (le 22 ou 23 septembre). L'équinoxe de printemps est particulièrement important parce qu'il est utilisé comme point zéro à partir duquel est mesurée l'ascension droite *(page 19)*. Le point s'appelle également **Point vernal** et indiqué par le signe γ.

Le Soleil se lève au Nord-Est en été et au Sud-Est en hiver. Aux équinoxes, il se lève à l'Est et se couche à l'Ouest. En revanche, les étoiles se lèvent toujours au même point de l'horizon.

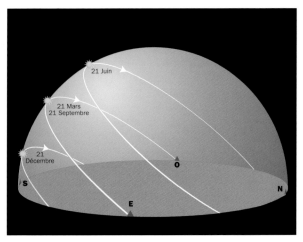

Changements d'élévation du Soleil au cours de l'année.

Mouvement de la Lune

Parce qu'elle tourne autour de la Terre, la Lune se déplace d'Ouest en Est, d'un peu plus que son propre diamètre en une heure. Par rapport aux étoiles, il lui faut 27, 32 jours pour compléter une orbite, mais à cause de la différence entre le jour solaire et le jour sidéral mentionnée plus haut *(page 22)*, il lui faut deux jours de plus pour revenir à la même position par rapport au Soleil, de la Nouvelle Lune à la Nouvelle Lune, par exemple.

En observant la Lune pendant plusieurs mois, on s'aperçoit qu'elle est parfois haute, parfois basse dans le ciel, tout comme le Soleil. Beaucoup moins évidente est la complexité de son mouvement. Son orbite autour de la Terre n'est pas seulement inclinée par rapport à l'écliptique, mais est animée d'un mouvement de précession, ce qui donne un trajet complexe qui l'entraîne à des distances variables au-dessus et au-dessous de l'écliptique. Elle est tantôt basse, tantôt haute sur l'horizon. Ses points de lever et de coucher varient de même. Heureusement la Lune étant normalement facile à observer, nous n'expliquerons pas davantage ces variations.

Le Zodiaque

La bande de ciel où se trouve la Lune, approximativement à 8° de chaque côté de l'écliptique, est le **zodiaque**, qui comportait à l'origine 12 constellations. À cause des changements dans les limites des constellations apportés au cours des siècles et du mouvement de l'axe de la Terre (la **précession**, que nous ne traiterons pas ici), des portions d'autres constellations font partie aujourd'hui de la région zodiacale, dont vous trouverez les cartes pages 132-133.

Le mouvement des planètes

Le mouvement des planètes est encore plus compliqué que celui de la Lune, mais il n'est pas nécessaire d'en donner ici le détail. Il est utile de savoir pourquoi les planètes sont plus faciles à observer à certaines époques et de connaître également le schéma général de leurs mouvements. Ces mouvements étant très complexes, nous avons inclu *pages 134-150,* des cartes indiquant leur position pour les quelques années à venir.

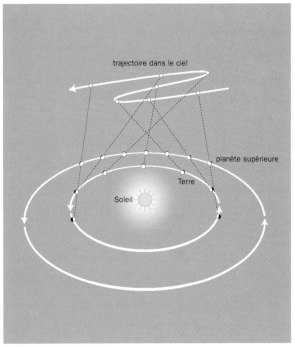

trajectoire dans le ciel

planète supérieure

Terre

Soleil

Mouvement apparent d'une planète supérieure dans le ciel.

Les planètes visibles à l'œil nu se trouvent toujours dans le zodiaque. Leur mouvement suit généralement une trajectoire d'Ouest en Est, mais la combinaison des mouvements de la Terre et d'une planète peut donner l'impression à un moment donné que cette dernière recule dans le ciel. Ce mouvement d'Est en Ouest est appelé **rétrograde**. Les inclinaisons différentes des orbites planétaires sont aussi la cause d'une variation en déclinaison et quand ces effets sont associés, les planètes paraissent tracer des boucles ou des trajectoires en « S » ou en « Z » sur le ciel.

Les **planètes supérieures**, dont l'orbite se trouve à l'extérieur de celle de la Terre : Mars, Jupiter, Saturne et Uranus (ainsi que Neptune et Pluton) se trouvent parfois à l'opposé du Soleil dans le ciel. Elles sont dites en **opposition** et très bien placées pour l'observation. (Elles sont aussi au milieu de leur période de mouvement rétrograde.) Parfois cependant, ces planètes paraissent passer derrière le Soleil (dont l'éclat les cache). Elles sont alors en **conjonction.**

Les deux **planètes inférieures**, Mercure et Vénus, se trouvent plus près du Soleil que la Terre et leur trajectoire forme des séries complexes de boucles en arrière et en avant dans le ciel. Elles ne sont bien sûr jamais en opposition, mais peuvent être en **conjonction, inférieure** quand elles sont entre la Terre et le Soleil, ou **supérieure** quand elles sont derrière le Soleil. Ces deux planètes, toujours assez proches du Soleil, sont plus faciles à voir quand elles sont à leur point le plus éloigné, à l'Est ou à l'Ouest : l'**élongation** orientale ou occidentale.

Si vous avez des difficultés à reconnaître une constellation du zodiaque, il se peut qu'une planète brillante (Vénus, Jupiter, Mars ou Saturne) se trouve dans la région, en modifiant complètement la répartition apparente des « étoiles » brillantes. Les cartes données plus loin permettront d'éviter la confusion.

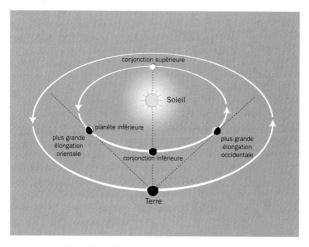

Mouvement d'une planète inférieure par rapport au Soleil et à la Terre.

NOMS DES ÉTOILES ET AUTRES OBJETS CÉLESTES

Comme nous l'avons vu plus tôt, nous utilisons dans ce livre les noms latins standard pour les constellations. Il est plus compliqué de nommer les étoiles individuelles. Presque toutes les étoiles les plus brillantes ont un nom propre, dont certains sont latins (Polaris, par exemple). Beaucoup cependant, sont des versions occidentalisées de noms arabes (comme Bételgeuse). En général, ces noms sont les seuls donnés sur les cartes d'introduction et les cartes mensuelles.

En 1603, Johannes Bayer inventa une nouvelle façon d'identifier les étoiles, en leur attribuant une lettre grecque suivie par le génitif du nom latin de la constellation, par exemple, α Ursae Majoris (« alpha d'Ursa Major »). Il donna une lettre aux étoiles, par ordre de luminosité, la plus brillante étant « alpha » (α), la deuxième plus brillante (β) et ainsi de suite. (Pour quelques constellations il dut également prendre les lettres romaines.) Ces noms étant toujours utilisés par les astronomes d'aujourd'hui, nous donnons ici l'alphabet grec complet. Les astronomes utilisent souvent une série standard d'abréviations de trois lettres pour les constellations, données plus loin, avec les génitifs, *pages 168-251.*

Certaines étoiles peu lumineuses sont identifiées sur les cartes par des nombres, les **nombres de Flamsteed,** introduits en 1725 par John Flamsteed, qui numérota les étoiles de chaque constellation par ordre d'ascension droite croissante *(page 19),* c'est-à-dire, d'Ouest en Est.

Certains objets non stellaires, comme les amas d'étoiles et les galaxies, sont identifiés par des nombres. Ceux commençant par la lettre « M » sont des objets d'un catalogue célèbre qui pourraient être confondus avec des comètes, répertoriés par l'astronome français Charles Messier, en 1771-1781. D'autres objets non stellaires numérotés, viennent du NGC *(New General Catalogue)* de J.L. Dreyer, publié en 1888.

Quelques objets non stellaires sont assez brillants pour avoir reçu un nom dans l'Antiquité, en particulier les amas des Pléiades *(page 244),* les Hyades *(page 244)* et Praesepe *(page 182).* Certains des noms plus modernes utilisés pour des objets particuliers, seront mentionnés pour chaque constellation.

Magnitudes stellaires

La **magnitude** d'une étoile ou d'une planète est associée à son éclat apparent. L'origine de l'échelle date de l'Antiquité, les objets les plus lumineux étant dits de première magnitude, un peu moins, de deuxième magnitude, etc. Il existe aujourd'hui une relation mathématique stricte pour représenter l'échelle de magnitude, mais il vous suffit de savoir que les étoiles les moins lumineuses visibles à l'œil nu dans de bonnes conditions, sont de magnitude 6 environ. (Cette **magnitude limite** à l'œil nu est, en fait, le centième de l'éclat d'une étoile de première magnitude). L'échelle dépasse 1 à l'autre extrémité. Véga (Lyrae), par exemple, est de magnitude 0, et Sirius, l'étoile la plus brillante du ciel, a une magnitude négative -1,4. Vénus, la planète la plus lumineuse, peut parfois atteindre une magnitude -4 et la Pleine Lune, une magnitude -13.

Sur nos cartes, la magnitude limite est environ la magnitude 4 pour les cartes mensuelles et celles d'introduction et 5,5 pour les cartes des constellations, plus loin dans le livre.

Alphabet grec

α alpha	ζ zeta	λ lambda	π pi	φ phi
β beta	η eta	μ mu	ρ rho	χ chi
γ gamma	θ theta	ν nu	σ sigma	ψ psi
δ delta	ι iota	ξ xi	τ tau	ω omega
ε epsilon	κ kappa	o omicron	υ upsilon	

LES ÉTOILES CIRCUMPOLAIRES

Pour localiser un objet, que ce soit une constellation, une étoile individuelle ou tout autre objet céleste, le mieux est d'utiliser un schéma d'étoiles bien connu pour vous guider vers celles qui vous sont moins familières. La méthode peut paraître simpliste mais elle est efficace. Elle est d'ailleurs employée par de nombreux astronomes amateurs confirmés pour localiser des objets faiblement lumineux même avec de puissants télescopes, parce qu'elle est souvent plus simple et plus rapide que le recours à des instruments sophistiqués, l'œil et le cerveau humains étant extrêmement habiles à détecter et se rappeler des figures simples.

Les constellations circumpolaires étant toujours visibles si le ciel est dégagé, elles seront notre point de départ. Il en existe cinq importantes : la Grande Ourse, la Petite Ourse, Cassiopée, Céphée et le Dragon. Vous les trouverez sur la carte de la page ci-contre, et vous pourrez constater qu'en théorie, plusieurs autres constellations sont en partie circumpolaires.

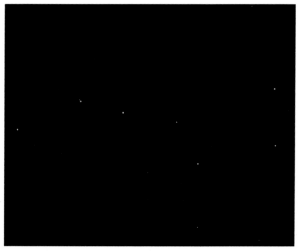

La « Casserole » ou la Grande Ourse : votre point de départ !

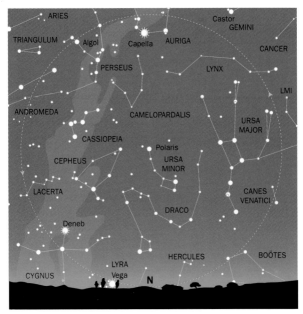

Constellations de la région circumpolaire Nord.

L'élévation du pôle Nord céleste est égale à la latitude de l'observateur ; pour 50° N (correspondant aux cartes de ce livre), l'élévation du pôle est de 50° et le cercle de ciel de 100° tout autour est circumpolaire. En pratique cependant, la région proche de l'horizon, même si elle ne comporte aucun obstacle physique, est souvent voilée par la brume (et la pollution lumineuse). En outre, plus les étoiles sont proches de l'horizon, plus la lumière est absorbée. Seules quelques étoiles brillantes peuvent être vues à 10° environ de l'horizon. Capella, α Aurigae, est à environ 43° du pôle Nord céleste et, comme elle est brillante, généralement visible au-dessus de l'horizon.

Un effet connu sous le nom de **réfraction** compense la perte de visibilité près de l'horizon. Les trajets de la lumière dans l'atmosphère sont courbes, ce qui « relève » les images des étoiles (et autres objets), qui sont ainsi visibles plus

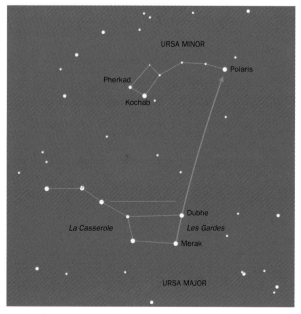

Trouvez l'Étoile polaire et la Petite Ourse à partir de la « Casserole ».

longtemps ou à de plus basses élévations. Quand le Soleil, par exemple, paraît se coucher, il est en fait à 34' (juste au-dessus d'un demi-degré) sous l'horizon. Les images des étoiles, de la Lune et des planètes sont « relevées » de même.

Commencez par trouver les sept étoiles de la Grande Ourse qui font partie de la constellation d'**Ursa Major**. Leur schéma est si particulier que chacun les connaît déjà, mais si vous n'en êtes pas sûr, vous pourrez les reconnaître d'après les cartes ci-dessus et ci-contre. Le changement d'orientation dans le ciel au cours de l'année est indiqué sur les cartes mensuelles. Les deux étoiles formant l'arrière de la « Casserole » sont α et β Ursae Majoris, aussi nommées respectivement **Dubhe** et **Merak** et ensemble, les **Gardes**.

À l'opposé de la Grande Ourse par rapport au pôle, se trouve la constellation reconnaissable de **Cassiopée** (Cassiopeia), avec un groupe de cinq étoiles bien visibles formant la lettre « W » (ou « M » à d'autre moments de la nuit ou de l'année). La Grande Ourse ou Cassiopée sont toujours visibles et vous aideront à vous orienter dans le ciel, même si une grande partie en est cachée par des arbres ou des bâtiments.

Une ligne allant d'ε Ursae Majoris, la première étoile de la queue de la « Casserole », passant par l'Étoile polaire et prolongée sur une égale distance, mène à γ Cassiopeia (ou **Cih**), l'étoile centrale des cinq qui forment le « W ». Cassiopée se trouve en fait dans une région assez dense de la Voie lactée, où un grand nombre d'autres étoiles sont aussi visibles par temps clair.

Les deux autres constellations de la région circumpolaire Nord d'intérêt immédiat, sont nettement moins brillantes. Les cinq étoiles principales de la constellation de **Céphée** (Cepheus) forment le « pignon » du toit d'une maison. La ligne allant des Gardes de la Grande Ourse, passant par l'Étoile polaire et prolongée sur la moitié de cette distance, pointe

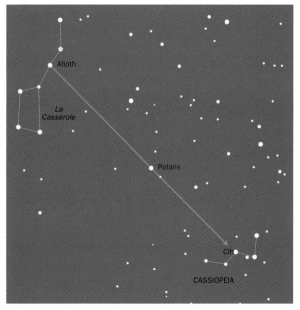

Trouvez Cassiopée à partir de la « Casserole » et de l'Étoile polaire.

approximativement vers le centre du « pignon » triangulaire. L'étoile de l'apex, γ Cephei, **(Errai)** se trouve près de la ligne allant de l'Étoile polaire à β Cassiopeiae **(Caph)**. Une ligne passant par α et β Cassiopeiae pointe sur l'étoile la plus brillante de Cepheus, α **(Alderamin)**, à l'un des angles de la base. Céphée incluant comme Cassiopée, une partie de la Voie lactée, de nombreuses étoiles moins brillantes se trouvent dans la partie basse de la constellation.

La constellation du **Dragon** (Draco) est si longue et si sinueuse qu'elle est un peu difficile à reconnaître au premier coup d'œil. Trouvez les deux étoiles γ et δ Ursae Majoris (**Phecda** et **Megrez**), à l'opposé des Gardes sur la « Casserole ». Continuez la ligne sur environ huit fois leur écartement, au sud des Gardes de la Grande Ourse. Vous atteindrez un « losange » de quatre étoiles modérément brillantes, dont la plus lumineuse, γ **(Eltanin)** est la plus éloignée du pôle. Le losange forme la « tête » du Dragon. De

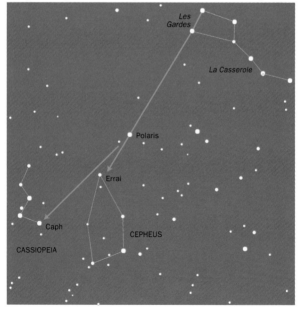

Trouvez la constellation de Céphée.

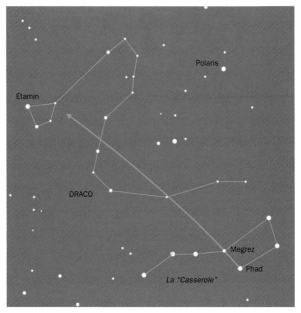

Trouvez la tête du Dragon.

là, le corps va d'abord vers le côté de Céphée, puis tourne et suit une trajectoire sinueuse au-dessus de la Grande Ourse. Il se termine entre Ursa Major et la Petite Ourse à une étoile située juste au-dessus des Gardes.

Il existe une autre constellation circumpolaire, la **Girafe** (Camelopardalis), mais elle est peu lumineuse et elle sera décrite plus loin *(page 180),* de même que plusieurs autres constellations dont une partie est aussi circumpolaire.

COMMENT UTILISER LES CARTES MENSUELLES

Si les constellations circumpolaires sont toujours visibles, la plupart des autres sont plus faciles à voir à certains moments de l'année. Vous trouverez aux pages suivantes une série de cartes pour chaque mois.

Deux cartes présentent la totalité du ciel, l'une face au Nord, l'autre face au Sud, pour une latitude de 50° N, qui convient pour la plus grande partie de l'Europe. Les observateurs plus au Nord verront davantage d'étoiles sur l'horizon Nord et un peu moins au Sud, à l'inverse des observateurs situés plus au Sud. Les cartes montrent également la région autour du zénith, au-dessus de votre tête, sans la distorsion que l'on rencontre parfois. Comme elles se recouvrent largement, la totalité de l'hémisphère visible est représentée.

La date et l'heure correspondant à chaque groupe de cartes réclament quelques explications. Les cartes montrent le ciel comme il apparaît au milieu du mois, à 22 hTU, c'est-à-dire l'heure exprimée en temps universel. Sur le territoire français, il est donc nécessaire d'ajouter systématiquement 1 heure l'hiver et, au moins jusqu'en 2001, tant que restera en vigueur l'heure d'été, d'ajouter 2 heures de fin mars à fin septembre. Les heures ont été choisies pour que l'obscurité soit telle qu'elle permette les observations même en été (les observateurs situés dans le grand Nord, auront toujours une lueur de crépuscule sur l'horizon Nord).

Les cartes peuvent également être utilisées à d'autres heures de la nuit. Par exemple, les deux premières cartes sont faites pour le 15 janvier, 22 hTU (c'est-à-dire 23 h à Paris), mais elles conviennent aussi pour 23 hTU le 1er janvier et 21 hTU le 1er février. Ces dates et heures sont indiquées sur chaque groupe de cartes, pour que vous puissiez facilement trouver les étoiles visibles une nuit donnée. Comme il y a un décalage de deux heures par mois, si vous voulez voir comment le ciel apparaît deux heures plus tôt dans la nuit (à condition bien entendu qu'il soit obscur), revenez en arrière d'un mois ; deux heures plus tard, avancez d'un mois.

Vous trouverez pour chaque mois, deux ou trois autres cartes montrant des constellations spécifiques, soit à partir des constellations circumpolaires que vous connaissez déjà, soit à partir de constellations équatoriales facilement reconnaissables. L'une des douze principales constellations du zodiaque est donnée chaque mois, avec deux (et parfois trois) autres constellations bien placées au-dessus de l'horizon.

Ne vous inquiétez pas à l'idée d'avoir à apprendre toutes ces étoiles et toutes ces constellations. Vous vous apercevrez vite que vous pouvez identifier les plus importantes, et vous arriverez à « remplir les trous » avec les constellations plus petites et moins brillantes. Le tableau indique les pages portant les cartes permettant de trouver les constellations individuelles.

Pour éviter les confusions, les cartes mensuelles montrent seulement les étoiles les plus brillantes de chaque constellation. (Les étoiles peu lumineuses sont portées sur les cartes individuelles, plus loin dans le livre.) Si une pluie de météorites *(page 160)* se produit au cours du mois, le fait sera mentionné.

Vous trouverez les cartes permettant de repérer les constellations ci-dessous aux pages indiquées :

Andromeda 95	Coma Berenices 60	Monoceros 49
Aquarius 97	Corona Borealis 66	Ophiuchus 72
Aquila 77	Corvus 61	Pegasus 95
Aries 107	Crater 61	Perseus 108
Auriga 43	Delphinus 91	Pisces 101
Boötes 51	Draco 35	Piscis Austrinus 90
Cancer 53	Eridanus 109	Sagitta 85
Canes Venatici 60	Gemini 47	Sagittarius 83
Canis Major 48	Hercules 67	Scorpius 78
Canis Minor 49	Hydra 54	Scutum 84
Capricornus 89	Lacerta 91	Serpens 72
Cassiopeia 33	Leo 59	Taurus 42
Cepheus 34	Lepus 49	Triangulum 107
Cetus 102	Libra 71	Ursa Minor 32
		Virgo 65

Les éléments clés ci-dessous ne sont pas portés sur les cartes d'introduction, mais sont donnés aux pages indiquées :

Orion 41
Triangle de l'Été 77
Ursa Major 32

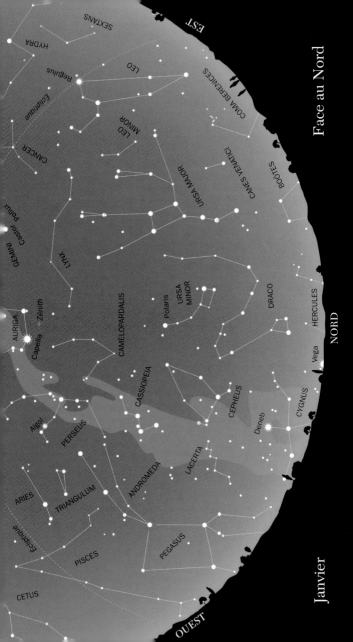

Ensemble de la constellation d'Ursa Major.

LES CARTES DE JANVIER
PEUVENT SERVIR AUX
DATES ET HEURES
SUIVANTES :

1 jan. : 23:00TU
15 jan.: 22:00TU
1 fév. : 21:00TU
TU = temps
universel

JANVIER, FACE AU NORD

La plupart des constellations circumpolaires sont faciles à voir dans le ciel Nord, à cette époque de l'année. Ursa Major (la **Grande Ourse**) s'étend verticalement au Nord-Est et le corps de Ursa Minor (la **Petite Ourse**) est sous le pôle, au Nord. La tête de Draco (le **Dragon**), bas sur l'horizon au Nord, est parfois difficile à voir selon les conditions météo. Cepheus **(Céphée)** et Cassiopeia **(Cassiopée)** sont bien visibles au Nord-Ouest et même la constellation de Camelopardalis (la **Girafe**) est assez haute dans le ciel pour que ses étoiles peu lumineuses soient visibles. Le Grand Carré de Pégasus **(Pégase)** *(page 95)* se couche à l'Ouest, et Leo (le **Lion**) *(page 59)* se lève à l'Est.

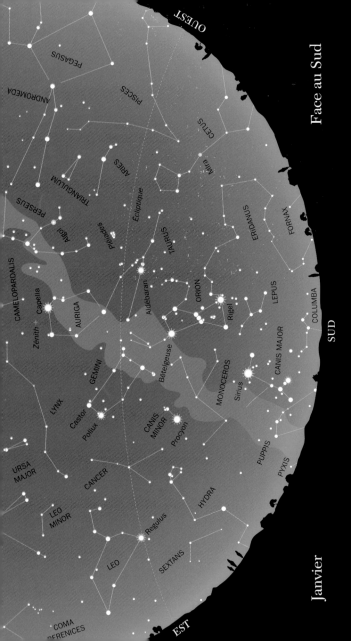

JANVIER, FACE AU SUD

Au Sud, le ciel est dominé par **Orion**. C'est la constellation clé des mois d'hiver, toujours visible à un moment ou l'autre de la nuit. Sa forme très particulière, avec la ligne de trois étoiles qui forment la « Ceinture » ou « Baudrier » est très reconnaissable. Selon votre vue, **Bételgeuse**, l'étoile étincelante à l'angle Nord-Est, peut avoir une teinte rougeâtre. **Rigel**, à l'opposé, est d'un blanc bleuâtre étincelant. Une ligne verticale de trois « étoiles » forment l'« Epée » qui pend verticalement sous la Ceinture. Si le ciel est pur et sombre, l'« étoile » centrale apparaît sous forme d'une tache trouble, qui est en fait la célèbre Nébuleuse d'Orion *(page 226)*.

Orion, constellation clé du ciel d'hiver.

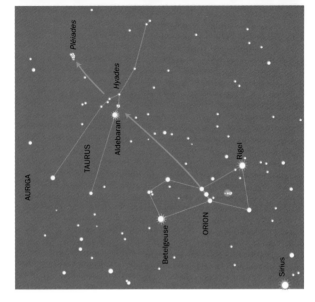

MÉTÉORITES

1-6 JANVIER
Maximum 4 janvier

QUATRANDIDES (ESSAIM DE MÉTÉORITES) :
pluie de météorites, étincelantes, blanc bleuâtre et jaunâtres (*voir page 160*).

NOMBRE MAXIMUM À L'HEURE :
70

JANVIER

Suivez la ligne de la Ceinture d'Orion vers le Nord-Ouest, pour trouver dans le Taureau (*Taurus*), **Aldébaran** teintée d'orange. Non loin, un « V » d'étoiles bien reconnaissable, pointant vers le bas et le Sud-Ouest, est appelé l'amas des **Hyades**. En continuant la même ligne à partir d'Orion, vous arrivez un peu au nord d'un amas brillant d'étoiles, les **Pléiades**, ou Sept Sœurs. Il suffit d'une petite paire de jumelles pour constater que cet amas est composé d'un beau groupe d'étoiles blanc bleuâtre. Deux autres étoiles de Taurus sont bien visibles, directement au-dessus d'Orion, et forment un triangle allongé avec Aldébaran. Autrefois, la plus au Nord de ces étoiles β Tauri, était souvent considérée comme faisant partie de la constellation du Cocher.

JANVIER

Presque au-dessus de votre tête (c'est-à-dire au zénith), à cette époque de l'année, se trouve l'étincelante **Capella**, l'étoile la plus brillante du **Cocher** (Auriga), avec un peu plus à l'Ouest, un triangle d'étoiles moins lumineuses, appelées les **Chevreaux** (la mythologie de l'Antiquité représentait Auriga portant deux jeunes chèvres). Vous pouvez aussi trouver Capella en prolongeant vers l'Ouest la ligne formée par les deux étoiles supérieures de la « Casserole » de la Grande Ourse (δ et α UMa). Elle se trouve à environ cinq fois la distance qui les sépare. Si l'on inclut l'étoile brillante du Taureau (Taurus) qui se trouve le plus au Nord, β Tauri, la partie principale d'Auriga forme un vaste pentagone sur le ciel, avec les Chevreaux un peu à l'écart sur un côté.

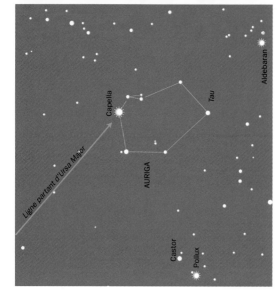

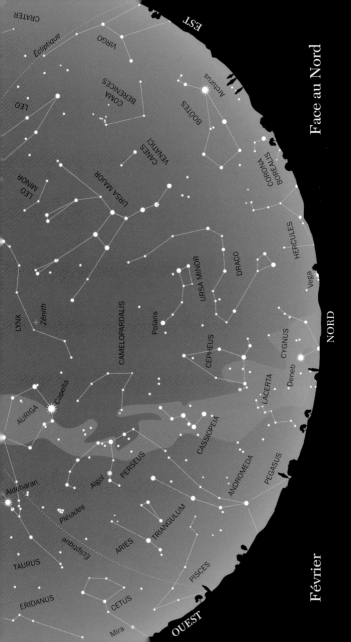

Février, face au Nord

LES CARTES DE FÉVRIER
PEUVENT SERVIR AUX
DATES ET HEURES
SUIVANTES :

1 fév. : 23:00 TU
14 fév. : 22:00 TU
1 mars : 21:00 TU

Ursa Major (la Grande Ourse) est maintenant haut à l'Est, alors que Cassiopeia (Cassiopée) est plus basse sur l'horizon Nord-Ouest. La constellation peu visible du Lynx est au zénith. Cepheus (Céphée) et la tête de Draco (le Dragon) sont au Nord, où, si la vue est dégagée jusqu'à l'horizon, vous pouvez tout juste voir Deneb. **Arcturus** dans Boötes (**le Bouvier**) *(page 51)* est environ à la même élévation au Nord-Est, mais s'élève à mesure que la nuit s'avance. Capella et le Cocher sont hautes au-dessus de votre tête à l'Ouest, où Persée et le Taureau sont nettement visibles. La plus grande partie d'Andromède est encore visible, bien que **Sirrah**, l'étoile à l'angle du Grand Carré de Pégase soit difficile à distinguer si près de l'horizon.

Auriga (le Cocher), avec Capella et le triangle des Chevreaux (en haut au centre).

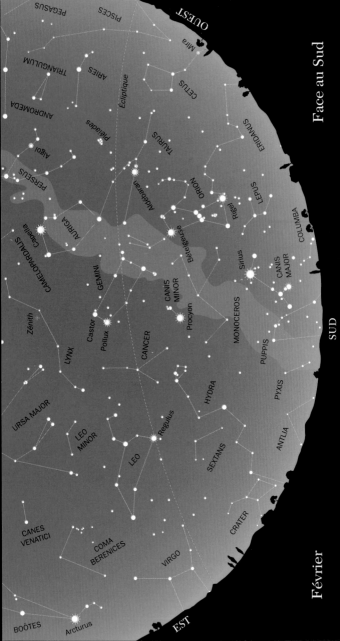

Face au Sud

SUD

OUEST

EST

Février

PEGASUS
PISCES
Mira
TRIANGULUM
ARIES
CETUS
ANDROMEDA
Écliptique
Pléiades
TAURUS
ERIDANUS
Algol
Aldébaran
ORION
LEPUS
PERSEUS
Bételgeuse
Rigel
CAMELOPARDALIS
Capella
AURIGA
Sirius
COLUMBA
GEMINI
CANIS MINOR
CANIS MAJOR
Castor
Pollux
Procyon
MONOCEROS
Zénith
CANCER
LYNX
PUPPIS
HYDRA
PYXIS
URSA MAJOR
LEO MINOR
Régulus
ANTLIA
LEO
SEXTANS
CANES VENATICI
COMA BERENICES
CRATER
VIRGO
BOÖTES
Arcturus

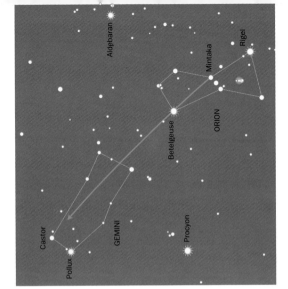

FÉVRIER, FACE AU SUD

Orion *(page 41)* reste clairement visible vers le Sud-Ouest. Haute sur le méridien se trouve la constellation zodiacale de Gemini (les **Gémeaux**). Une ligne partant de l'étoile la plus au Nord de la ceinture d'Orion **(Mintaka)** et passant par Bételgeuse, pointe vers **Castor** (α Geminorum). **Pollux**, légèrement plus brillante (β Gem) étant plus au Sud. La partie principale de la constellation consiste en deux lignes d'étoiles revenant vers Orion et formant un rectangle allongé.

FÉVRIER

La ligne formant la ceinture d'Orion, prolongée vers le Sud, pointe approximativement vers **Sirius**, l'étoile la plus brillante du ciel, si évidente qu'on la reconnaît immédiatement. Elle se trouve dans la constellation de Canis Major (le **Grand Chien**) et une chaîne d'étoiles en part, en descendant vers le Sud-Est. Deux étoiles assez brillantes se trouvent au Sud-Ouest de cette ligne.

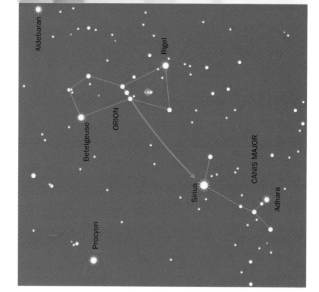

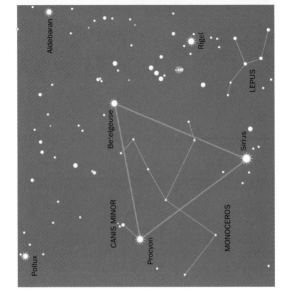

FÉVRIER

Plus haut vers Gemini (les **Gémeaux**), une seule étoile brillante, **Procyon**, forme un triangle équilatéral avec Bételgeuse et Sirius. Elle se trouve dans Canis Minor (le **Petit Chien**), constellation peu visible formée de Procyon (α Canis Minoris) et une autre étoile au Nord-Ouest. Entre Canis Major et Canis Minor, se trouve la très faible constellation de Monoceros (la **Licorne**).

Lepus (le **Lièvre**), une autre petite constellation peu lumineuse, se trouve derrière Orion. Ses principales étoiles dessinent une forme à trois branches, un peu comme une version miniature de Perseus (Persée) (*page 108*).

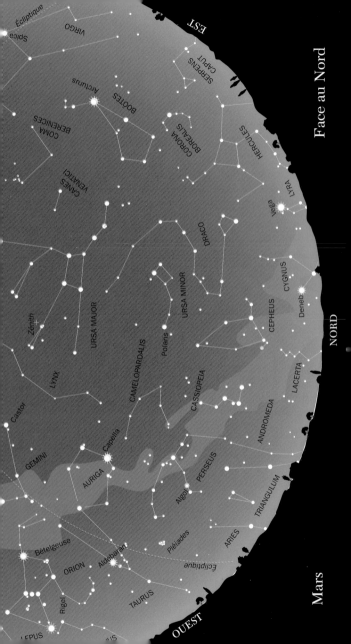

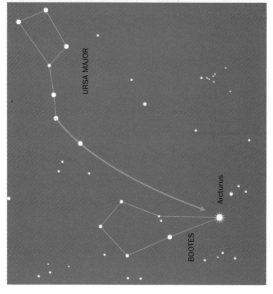

MARS, FACE AU NORD

LES CARTES DE MARS
PEUVENT SERVIR AUX
DATES ET HEURES
SUIVANTES :

1 mars : 23:00 TU
15 mars : 22:00 TU
1 avril : 21:00 TU

Entre le Nord et le Nord-Est, vous pouvez voir **Vega** dans Lyra (la Lyre) *(page 222)*, juste au-dessus de l'horizon. Bien que Vega soit théoriquement circumpolaire à 50° N et brillante, elle est souvent perdue (comme Deneb dans le Cygne) dans la brume de l'horizon Nord. Ursa Major (la **Grande Ourse**) est maintenant haut au-dessus de votre tête. Si vous prolongez l'arc formé par les étoiles de sa « queue », vous arrivez à l'étoile brillante et jaunâtre **Arcturus**, assez haut à l'Est. C'est l'étoile la plus brillante de l'hémisphère boréal, et la quatrième plus brillante du ciel. Elle se trouve dans la constellation de Boötes (le **Bouvier**), dont on a comparé la forme à celle d'un cerf-volant, un cornet de glace ou la lettre « P ». Arcuturus se trouve à la base, plus loin du pôle Nord céleste.

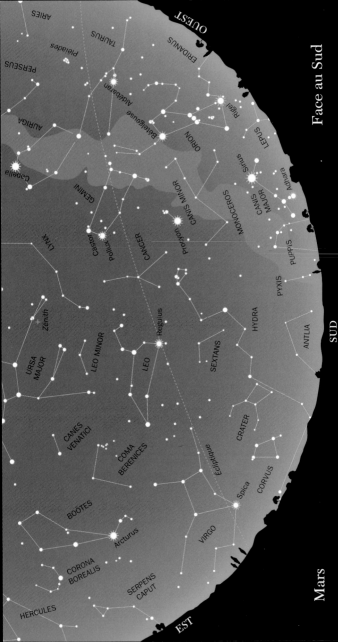

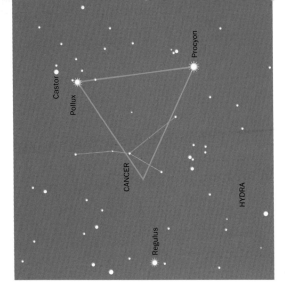

MARS, VERS LE SUD

Orion s'enfonce maintenant à l'Ouest mais la plus grande partie de la constellation est encore visible, bien que Rigel atteigne l'horizon. **Sirius** est à peu près à la même élévation, mais comme elle est très brillante, elle est encore facile à distinguer. Légèrement à l'ouest du méridien se trouve la constellation zodiacale du **Cancer**, groupe d'étoiles très peu lumineux mais cependant baptisé dès l'Antiquité. Elle est difficile à trouver, mais si vous imaginez un triangle équilatéral avec Pollux dans Gemini (les Gémeaux) et Procyon dans Canis Major (le Grand Chien) formant la pointe de deux angles, le troisième angle (vers l'Est) se trouve près du centre du Cancer. Les trois « pattes » s'étendent vers le Nord, le Sud-Ouest et le Sud.

Mars

Sous le Cancer et légèrement au sud du point central d'une ligne joignant Procyon et Regulus *(page 59)*, se trouve un petit groupe de six étoiles très reconnaissable. Cet astérisme est la tête d'**Hydra** (l'Hydre), une longue constellation sinueuse qui s'étale vers l'Est. Elle est si longue qu'il faudra encore trois mois avant que sa queue ne se trouve près du méridien à cette heure de la nuit. Son étoile la plus brillante **Alpharad**, (α Hya) est en ce moment presque au Sud.

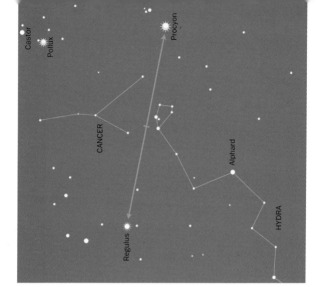

Constellation de Leo (le Lion), avec Regulus et la Faucille.

La faible constellation du Cancer, avec Praesepe (centre).

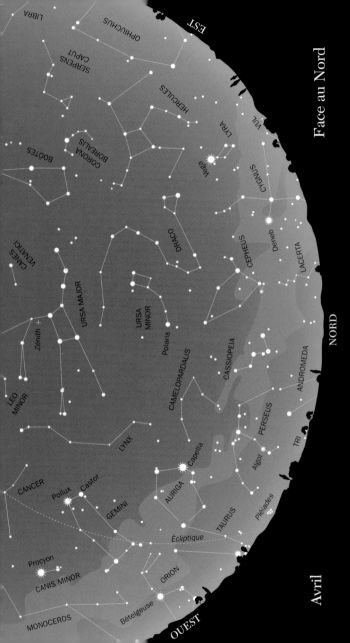

AVRIL, FACE AU NORD

Ursa Major (la Grande Ourse) est maintenant au zénith, au-dessus de votre tête, position la moins commode pour l'observation. **Vega** et les autres étoiles de Lyra (le Lyre) sont plus haut au Nord-Est. **Deneb** et certaines des étoiles de Cygnus (le Cygne) commencent aussi à être visibles, mais la constellation reste trop basse pour être observée au début de la nuit. **Arcturus** de Boötes (le Bouvier) est parfaitement visible au Sud-Est, où Hercule (*page 67*) est maintenant facile à distinguer. Perseus (Persée) descend au Nord-Ouest et Aldébaran de Taurus (le Taureau) rase l'horizon, ce qui la rend généralement invisible à cette heure de la nuit.

Hercule et les 4 étoiles formant la « Clé de Voûte » (centre).

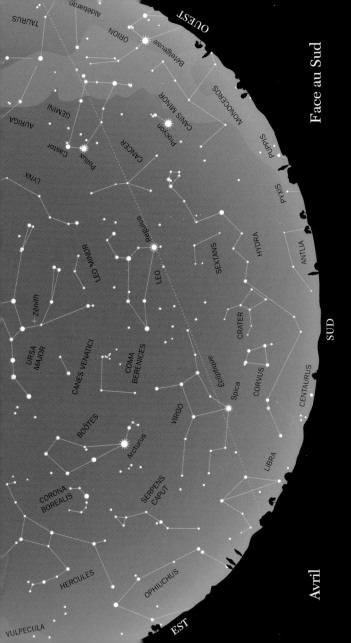

Face au Sud

OUEST

SUD

EST

Avril

TAURUS
Aldebaran
ORION
Bételgeuse
GEMINI
AURIGA
Castor
Pollux
LYNX
CANCER
CANIS MINOR
Procyon
MONOCEROS
PUPPIS
PYXIS
Regulus
LEO MINOR
LEO
SEXTANS
HYDRA
ANTLIA
URSA
MAJOR
Zénith
CANES VENATICI
COMA
BERENICES
CRATER
CORVUS
CENTAURUS
BOÖTES
VIRGO
Spica
Écliptique
Arcturus
CORONA
BOREALIS
SERPENS
CAPUT
LIBRA
HERCULES
OPHIUCHUS
VULPECULA

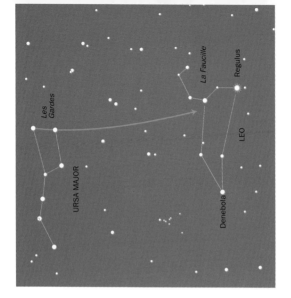

Les Gardes · URSA MAJOR · *La Faucille* · Regulus · LEO · Denebola

AVRIL, FACE AU SUD

La constellation zodiacale de Leo (le **Lion**) est bien visible haut dans le Sud, un peu à l'ouest du méridien. Elle est très facile à trouver mais lorsqu'elle est moins bien placée, il suffit de suivre une ligne partant des Gardes en direction opposée à la normale. Cette ligne descend pour arriver non loin de Regulus, l'étoile la plus brillante de la constellation. Au-dessus de Regulus se trouve l'astérisme reconnaissable de la Faucille, groupe d'étoiles en forme de point d'interrogation à l'envers, ouvert vers l'ouest. La deuxième plus brillante étoile, **Denebola**, est proche du méridien au moment indiqué par la carte.

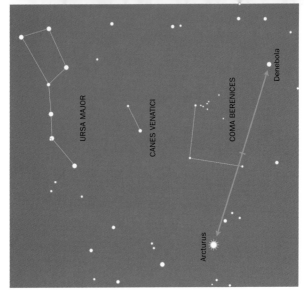

AVRIL

Entre Leo (le Lion) et Boötes (le Bouvier) se trouve Coma Berenices (la **Chevelure de Bérénice**), une petite constellation peu visible, formée essentiellement de trois faibles étoiles, disposées à angle droit. La plus au Sud se trouve à peu près sur la ligne reliant Denebola et Arcturus. Au-dessus de Coma (comme on l'appelle souvent) se trouve la petite constellation de Canes Venatici (les **Lévriers**), formée de deux étoiles se trouvant sous l'arrondi de la queue d'Ursa Major (la Grande Ourse).

MÉTÉORITES

9-25 AVRIL
Maximum 22 avril

LYRIDES :
moyennement actifs

NOMBRE MAXIMUM À L'HEURE :
10-15

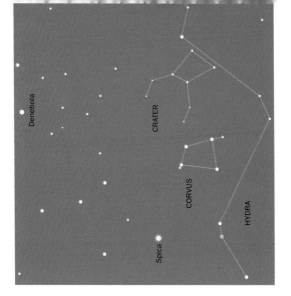

AVRIL

La plus grande partie d'Hydra (l'**Hydre**) est maintenant visible, bien que les étoiles les plus au Sud soient trop basses sur l'horizon pour être aisément distinguées. C'est le bon moment de l'année pour voir les deux petites constellations de Crater (la **Coupe**), bien reconnaissable, et de Corvus (le **Corbeau**), quadrilatère d'étoiles un peu plus brillantes. Les deux se trouvent au sud de Denebola et Corvus est proche de Spica, l'étoile la plus brillante de Virgo (la **Vierge**), décrite le mois prochain.

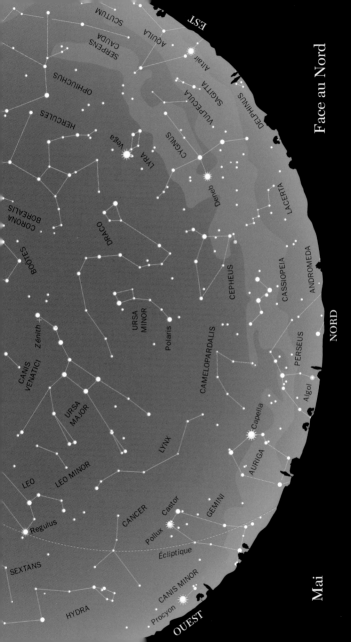

MAI, FACE AU NORD

LES CARTES DE MAI PEU-
VENT SERVIR AUX DATES
ET HEURES SUIVANTES :

1 mai : 23:00 TU
15 mai : 22:00 TU
1 juin : 21:00 TU

Cassiopeia (**Cassiopée**) est maintenant basse sur l'horizon boréal. Ursa Major (la **Grande Ourse**) se dresse verticalement à l'Ouest, l'extrémité de sa queue (η UMa, Alkaid) au zénith. La plus grande partie de Perseus (**Persée**) est perdue dans le crépuscule boréal mais la brillante Capella est encore aisément visible, de même que Castor et Pollux dans Gemini (les **Gémeaux**), plus loin vers l'Ouest. À l'Est, Vega et le reste de Lyra (la **Lyre**) sont maintenant nettement visibles, ainsi que la plus grande partie de Cygnus (le **Cygne**). Vous pouvez aussi apercevoir Altaïr dans Aquila (l'**Aigle**) (*page 77*) et vers minuit, elle sera suffisamment haute au-dessus de l'horizon à l'Est, pour être clairement visible.

La croix géante du Cygne, avec Deneb (à gauche) et Albireo (à droite).

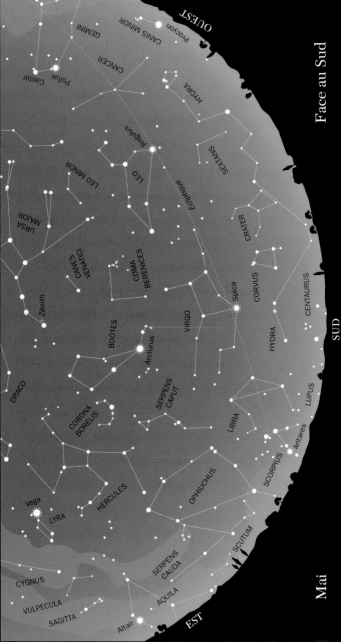

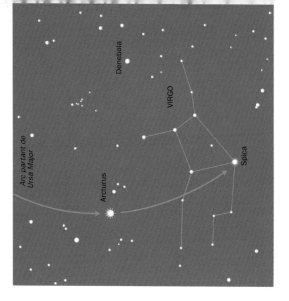

Arc partant de
Ursa Major

Denebola

VIRGO

Arcturus

Spica

Mai, face au Sud

Vers le Sud, Arcturus dans le Bouvier (le **Bouvier**) est presque sur le méridien. Si vous prolongez l'arc de la queue d'Ursa Major (la Grande Ourse), en passant par Arcturus, comme précédemment, vous arrivez à une étoile blanc bleuâtre, scintillante et reconnaissable, juste à l'ouest du méridien. Il s'agit de **Spica**, l'étoile la plus brillante de Virgo (la Vierge), qui se trouve alors bien placée pour être observée. Bien qu'elle soit la plus grande constellation du zodiaque, Virgo n'a pas de forme bien définie, mais Spica et quatre autres étoiles déterminent un quadrilatère (le « corps »), avec des « bras » et des « jambes » à chaque angle.

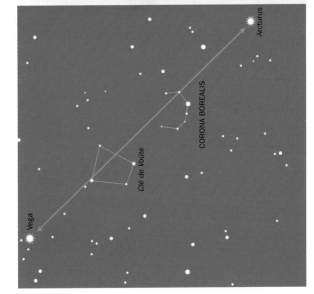

MÉTÉORITES

24 avril-20 mai
Maximum 5 mai

AQUARIDES :
belle averse, bien
qu'elle ne soit pas
très visible sous les
latitudes boréales

NOMBRE MAXIMUM À
L'HEURE :
35

MAI

La ligne reliant Arcturus et Vega passe par
deux constellations distinctes. Juste à l'est
de Boötes (le Bouvier) et à presque la même
hauteur qu'Arcturus au-dessus de l'horizon,
se trouve un petit cercle d'étoiles incomplet,
nettement visible, dont une étoile est
beaucoup plus brillante que les autres. Il s'agit
de la petite constellation de Corona Borealis
(la **Couronne boréale**).

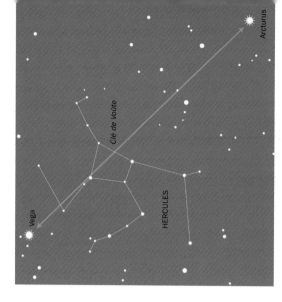

Vega

Clé de Voûte

Arcturus

HERCULES

MAI

Entre Corona Borealis (la **Couronne boréale**) et Vega, se trouve un groupe bien reconnaissable de quatre étoiles, en forme de trapèze. Il s'agit de l'astérisme connu sous le nom de **Clé de Voûte** qui forme le « corps » de la constellation d'Hercule. Quatre « bras » et « jambes » partent de chaque angle. En fait, à cause de la précession *(page 25)*, Hercule apparaît maintenant « à l'envers » avec ses jambes vers le Nord.

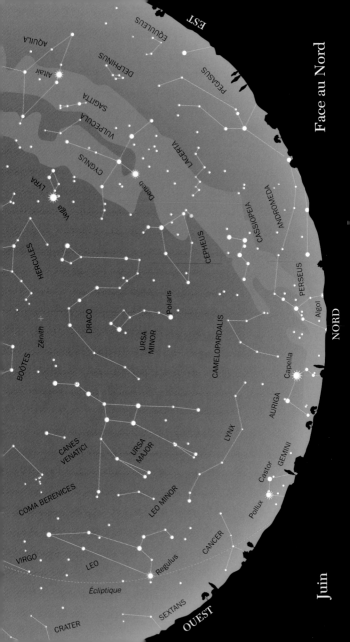

LES CARTES DE JUIN
PEUVENT SERVIR AUX
DATES ET HEURES
SUIVANTES :

1 juin : 23:00 TU
15 juin: 22:00 TU
1 juil. : 21:00 TU

JUIN, FACE AU NORD

Nous arrivons maintenant à la période du **solstice d'été**, lorsque le crépuscule dure toute la nuit et que le ciel n'est jamais complètement obscurci. Certaines constellations, en particulier au Sud, peuvent être difficiles à voir clairement, surtout si la lune est brillante.

Ursa Major (le **Grande Ourse**) est maintenant bien placée au Nord-Ouest, Leo (le **Lion**) qui descend vers l'horizon se trouvant en dessous. Draco (le **Dragon**) se faufile dans le ciel entre l'Étoile polaire et le zénith. Capella est très basse sur l'horizon, dans le crépuscule boréal. Le brillant **Triangle de l'Été** (*page 77*) de Vega, Altaïr et Deneb est très reconnaissable, haut au-dessus de l'horizon, à l'Est.

Le Triangle de l'Été : Vega (en haut), Deneb (à gauche) et Altaïr (en bas, à droite).

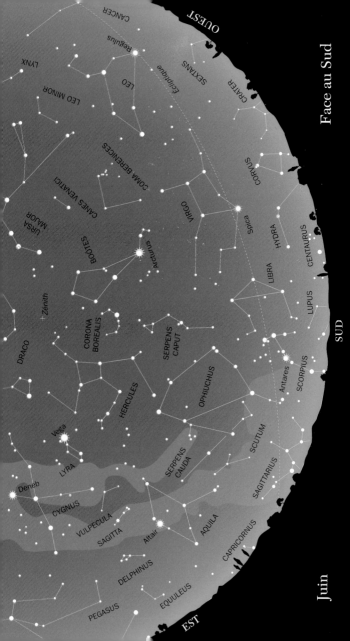

Juin, face au Sud

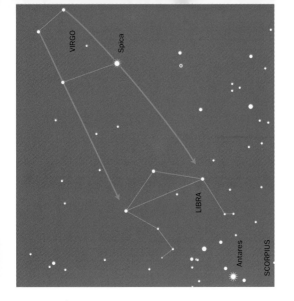

Au Sud, la constellation zodiacale de Libra (la **Balance**) se trouve juste à l'ouest du méridien. Ce groupement d'étoiles se trouve normalement à partir de Spica. Un peu d'imagination permet de reconnaître le triangle du fléau d'une balance d'autrefois, posée sur le côté, avec ses deux plateaux qui pendent. Bien qu'elle soit une très ancienne constellation, elle formait autrefois les « pinces » de Scorpius (le Scorpion), la constellation suivante du zodiaque, à l'Est.

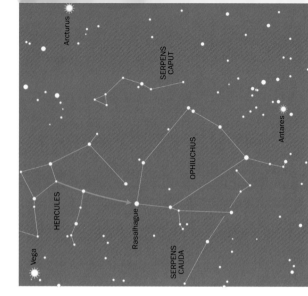

JUIN

Une partie du « bras » Sud-Est d'Hercule pointe vers le bas et **Rasalhague**, de la grande constellation d'Ophiuchus (le **Serpentaire** ou Porteur de Serpents), laquelle comme Cepheus (Céphée) *(page 34)* ressemble un peu au pignon d'une maison, le pignon étant ici plus petit et la maison plus grande, avec une étoile supplémentaire au milieu de la base. La partie la plus au Sud d'Ophiuchus s'étend au-delà de l'écliptique et le Soleil et les planètes restent plus longtemps dans cette constellation que dans sa voisine Scorpius (le **Scorpion**) *(page 78)*.

Entre Ophiuchus et Boötes (le Bouvier) se trouve la chaîne d'étoiles de Serpens Caput (la **Tête de Serpent**). C'est la seule constellation formée de deux parties séparées : l'autre moitié (Serpens Cauda) est à l'est du Serpentaire.

Zubenschamali et Zubelgenubi, étoiles brillantes de la Balance (p. 218).

Constellation de la Vierge (page 250) avec Spica à droite du centre.

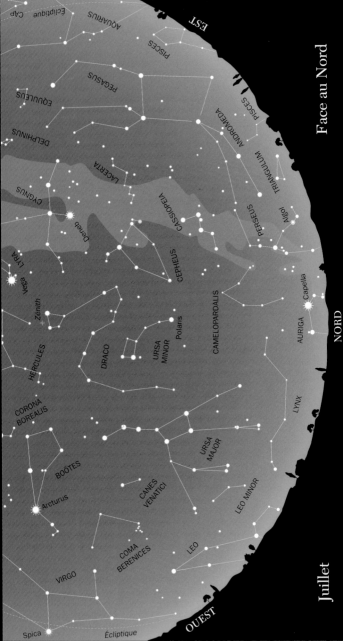

Le « W » de Cassiopée dans une région encombrée de la Voie lactée.

Juillet, face au Nord

Cassiopeia (**Cassiopée**) est facile à distinguer au Nord-Est et un peu plus loin à l'Est, le Grand Carré de Pegasus (**Pégase**) *(page 95)* se lève à l'horizon. Les trois étoiles du **Triangle de l'Été**, Vega, Deneb et Altaïr sont si nettes qu'elles dominent le ciel pendant plusieurs mois et deviennent extrêmement familières, un peu comme Orion en hiver. **Vega**, la plus brillante, se trouve presque au zénith, au nord-ouest d'un petit parallélogramme d'étoiles. L'ensemble forme la constellation de Lyra (la **Lyre**).

À l'Est, Deneb est l'étoile la plus brillante de Cygnus (le **Cygne**). Deux lignes d'étoiles forment une grande croix, comme les ailes ouvertes et le cou d'un cygne volant vers la large bande de la Voie lactée et le Sud.

Les cartes de juillet peuvent servir aux dates et heures suivantes :
1 juil. : 23:00 TU
15 juil. : 22:00 TU
1 août : 21:00 TU

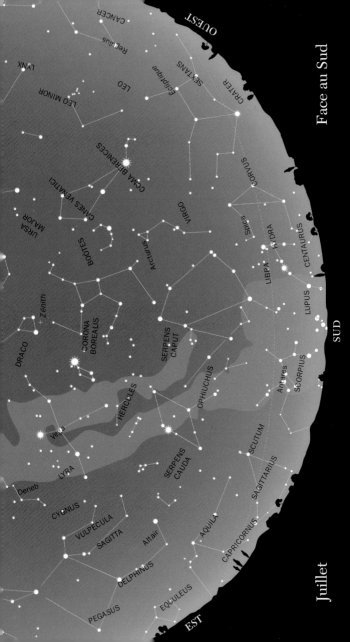

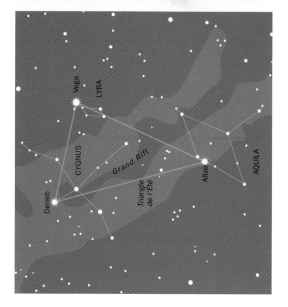

Juillet, face au Sud

Le ciel doit être obscur pour admirer la **Voie lactée** dans toute sa splendeur, mais dans de bonnes conditions, une barre sombre (connue sous le nom de Grand Rift du Cygne) paraît en séparer le centre. Altaïr, l'étoile la plus au Sud du Triangle de l'Été, fait partie d'Aquila (l'**Aigle**), plus bas sur le côté du Grand Rift. Les « ailes » et le « corps » d'Aquila ressemblent à une croix mais moins que Cygnus (le Cygne), et forment plutôt un losange sur le ciel, avec un « cou » qui pointe vers le bas et la Voie lactée.

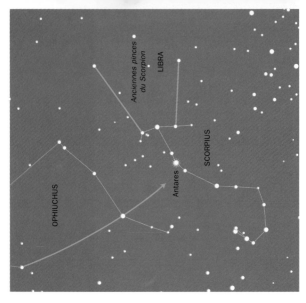

MÉTÉORITES

15 JUILLET-20 AOÛT
Maximum 28 juillet

AQUARIDES :
double point radiant,
côté Sud plus actif
que côté Nord

**NOMBRE MAXIMUM À
L'HEURE, 20 ET 10
RESPECTIVEMENT**
Météorites peu
lumineuses

JUILLET

Basse sur l'horizon au Sud, se trouve **Antarès,**
l'étoile rouge foncé de la constellation
zodiacale de Scorpius (le **Scorpion**). Sa
couleur contraste vivement avec la teinte
jaunâtre d'Arcturus, encore haute à l'Ouest,
et avec les étoiles blanc bleuâtre et blanches
du **Triangle de l'Été** au Sud-Est. Trois étoiles
modérément brillantes se trouvent entre
Antarès et Libra, sur une ligne Nord-Sud, mais
vous devez vous trouver à une latitude plus
basse pour voir la queue incurvée du Scorpion,
série d'étoiles descendant au sud d'Antarès
pour se terminer dans l'« aiguillon »
triangulaire.

La « Théière » du Sagittaire (*page 83*) est au centre et à droite en bas.

Ci-contre, le Scorpion, tourné à 45° dans le sens contraire des aiguilles d'une montre par rapport à la carte ci-dessus.

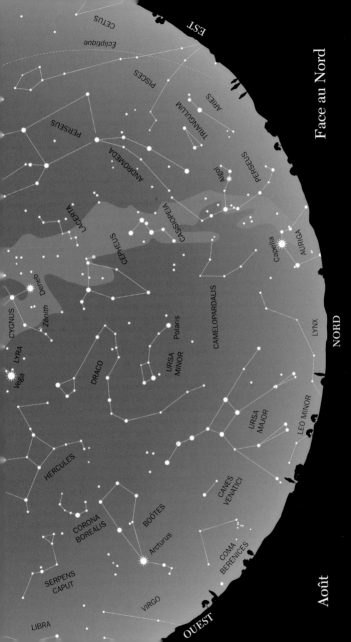

AOÛT, FACE AU NORD

Boôtes (le **Bouvier**) se tient vertical à l'Ouest et les constellations de Corona Borealis (la **Couronne boréale**) *(page 66)* et d'**Hercule** *(page 67)* sont également bien placées pour être observées. Arcturus descend lentement vers l'horizon et deviendra bientôt difficile à distinguer. Ursa Major (la **Grande Ourse**) s'étire dans le ciel au Nord-Ouest, et au Nord-Est, Capella d'Auriga (le Cocher) et la constellation de Persée commencent à monter plus haut dans le ciel. Un peu plus loin vers le Sud, **Andromède** *(page 168)* et le Grand Carré de **Pégase** sont maintenant bien visibles, ainsi qu'une partie de la constellation de Pisces (les **Poissons**) *(page 101)*.

Le Triangle de l'Été continue à dominer le ciel au-dessus de votre tête, et Deneb et Vega sont toutes deux assez près du zénith.

Andromède s'étale en biais sur cette photographie.

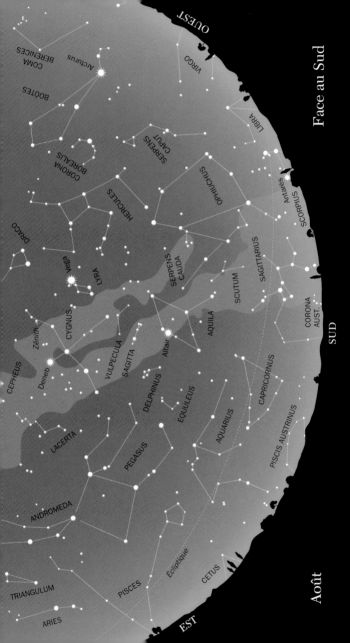

OUEST

Face au Sud

VIRGO

COMA BERENICES

Arcturus

BOOTES

LIBRA

CORONA BOREALIS

SERPENS CAPUT

Antarès

SCORPIUS

DRACO

HERCULES

OPHIUCHUS

SAGITTARIUS

SUD

Vega

LYRA

SERPENS CAUDA

SCUTUM

CORONA AUST.

CEPHEUS

Zénith

CYGNUS

VULPECULA

SAGITTA

Altair

AQUILA

Deneb

CAPRICORNUS

DELPHINUS

EQUULEUS

LACERTA

PEGASUS

AQUARIUS

PISCIS AUSTRINUS

ANDROMEDA

TRIANGULUM

PISCES

Écliptique

CETUS

ARIES

EST

Août

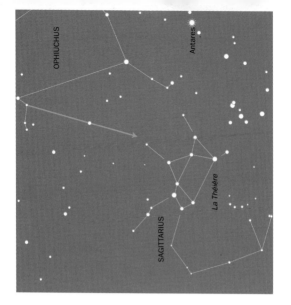

Dans l'image : OPHIUCHUS, Antares, SAGITTARIUS, La Théière

AOÛT, FACE AU SUD

Au Sud-Ouest, Ophiuchus (le Serpentaire) et les deux parties de **Serpens** (Serpens Cauda et Serpens Caput) sont très bien placés pour être observés. Le « bras » oriental d'Ophiuchus pointe vers le bas et la constellation zodiacale de Sagittarius (le **Sagittaire**). Celle-ci, très bas sur l'horizon, est mieux visible plus tôt dans le mois ou même en juillet. Aucune de ses étoiles n'est très brillante, mais plusieurs d'entre elles forment un schéma reconnaissable, la « Théière » qui, une fois que vous l'avez découvert, ne s'oublie plus.

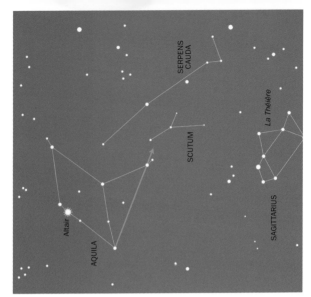

Août

Plusieurs petites constellations se trouvent dans cette partie du ciel, mais certaines sont difficiles à reconnaître, leurs étoiles n'étant pas particulièrement brillantes, et elles ont tendance à se perdre dans la multitude d'étoiles de la **Voie lactée**. Entre les constellations de Serpens Cauda, Sagittarius et Aquila, se trouve Scutum (l'**Écu**), composé de quatre étoiles modérément brillantes qui sont probablement plus faciles à trouver que les étoiles d'Aquila (l'**Aigle**) situées plus au Sud.

MÉTÉORITES

23 JUILLET AU 20 AOÛT
Maximum 12-13 août

PERSÉIDES :
l'une des averses de météorites les plus fournies

NOMBRE MAXIMUM À L'HEURE :
environ 80
Les Perséides sont souvent brillantes et laissent de longues traces.

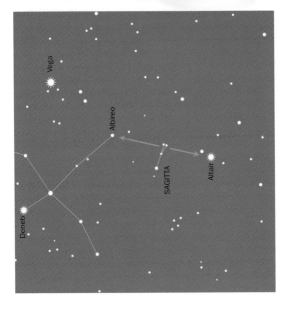

AOÛT

Plus au Nord, entre Altair et l'étoile brillante (Albireo) de la tête de Cygnus (le Cygne), se trouve la petite constellation de Sagitta (la **Flèche**), consistant principalement en quatre étoiles formant un coin qui s'enfonce dans la Voie lactée.

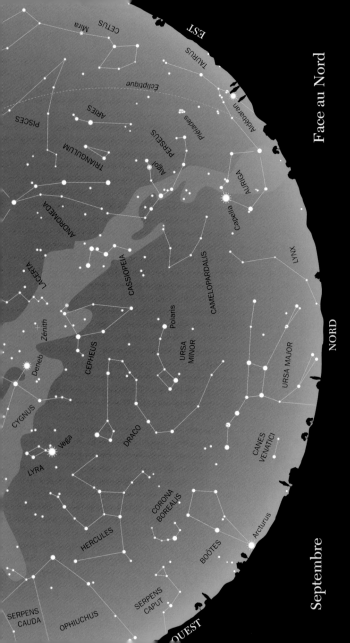

Face au Nord

Septembre

CETUS

Mira

E'ST

TAURUS

Aldebaran

Écliptique

PISCES

ARIES

Pléiades

PERSEUS

Algol

AURIGA

Capella

TRIANGULUM

ANDROMEDA

CAMELOPARDALIS

LYNX

NORD

LACERTA

CASSIOPEIA

Polaris

URSA MINOR

URSA MAJOR

Zénith

Deneb

CEPHEUS

CYGNUS

DRACO

CANES VENATICI

Vega

LYRA

CORONA BOREALIS

Arcturus

HERCULES

BOÖTES

SERPENS CAPUT

SERPENS CAUDA

OPHIUCHUS

OUEST

Le Bélier (au centre à droite) et les Pléiades dans le Taureau.

SEPTEMBRE, FACE AU NORD

Au Nord, Ursa Major (la **Grande Ourse**) est juste au-dessus de l'horizon, mais la principale partie de cette grande constellation est bien visible. Capella, dans Auriga (le **Cocher**), commence à être plus facile à distinguer, alors qu'elle monte vers le Nord-Est. Perseus (Persée), Triangulum (le Triangle) et Aries (le Bélier) sont maintenant parfaitement distinctes et le retour du bel amas des **Pléiades** *(page 42)* dans le ciel nocturne, indique que l'automne n'est pas loin. Elles resteront visibles tout l'hiver et seront bientôt rejointes par la magnifique constellation d'Orion, qui commence à apparaître au-dessus de l'horizon, environ une heure plus tard.

LES CARTES DE SEPTEMBRE PEUVENT SERVIR AUX DATES ET HEURES SUIVANTES :

1 sept. : 23:00 TU
15 sept. : 22:00 TU
1 oct. : 21:00 TU

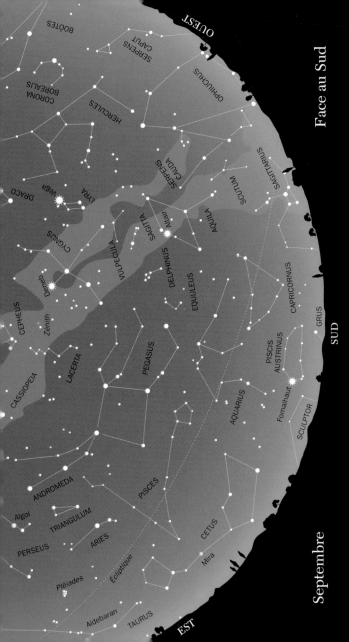

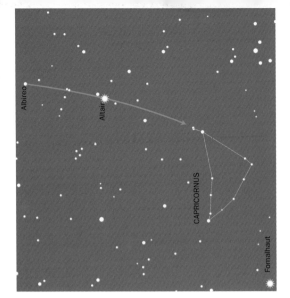

SEPTEMBRE, FACE AU SUD

La constellation zodiacale proche du méridien pendant ce mois est Capricornus (le **Capricorne**). La meilleure façon de la trouver est de prolonger la ligne allant d'Albireo (β Cygni) à Altaïr, d'une distance à peu près égale. Vous atteignez ainsi un groupe bien visible, formé par α (qui en fait est double) et β Capricorni. Le Capricorne lui-même forme un grand triangle légèrement déformé, avec δ Cap presque à l'est de β Capricorni et à la même hauteur environ, au-dessus de l'horizon.

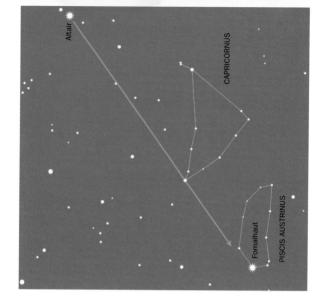

Altair

CAPRICORNUS

Fomalhaut

PISCIS AUSTRINUS

Septembre

Si l'horizon est bien dégagé au Sud, avec de bonnes conditions, vous devriez pouvoir apercevoir **Fomalhaut** de Piscis Austrinus (le **Poisson Austral**). Vous la trouverez en prolongeant la ligne allant d'Altair à δ Capricorni. C'est l'étoile la plus brillante de cette partie du ciel mais, toutes les autres de cette constellation étant peu lumineuses, elles sont difficiles à voir sous nos latitudes.

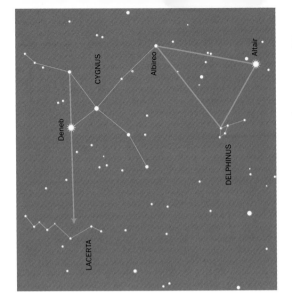

SEPTEMBRE

Delphinus (le **Dauphin**) est une petite
constellation bien reconnaissable, à l'est
de Sagitta (la Flèche), décrite le mois dernier.
Ses cinq étoiles se trouvent à un angle d'un
triangle isocèle formé par Albireo de Cygnus
(le Cygne) et Altaïr d'Aquila (l'Aigle). Non loin
du zénith se trouve une autre petite
constellation, Lacerta (le **Lézard**), zigzag
d'étoiles à l'est de Deneb. Lacerta se trouvant
dans une partie assez encombrée de la Voie
lactée, n'est pas facile à reconnaître.

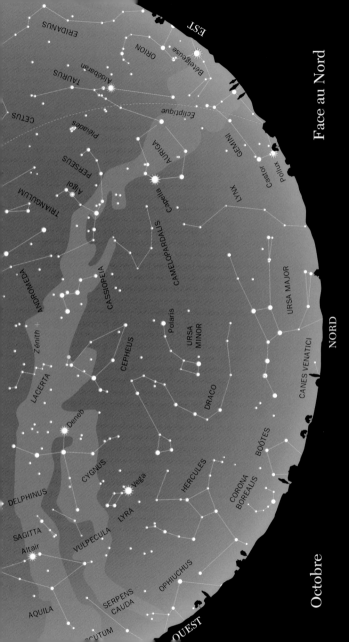

Face au Nord

NORD

EST

OUEST

Octobre

Bételgeuse

ERIDANUS

ORION

Aldebaran

TAURUS

Écliptique

GEMINI

CETUS

Pléiades

AURIGA

Castor

Pollux

PERSEUS

Algol

Capella

LYNX

TRIANGULUM

CAMELOPARDALIS

URSA MAJOR

ANDROMEDA

CASSIOPEIA

Zénith

Polaris

CANES VENATICI

LACERTA

CEPHEUS

URSA MINOR

DRACO

Deneb

BOÖTES

DELPHINUS

CYGNUS

HERCULES

CORONA BOREALIS

Vega

SAGITTA

LYRA

Altair

VULPECULA

AQUILA

OPHIUCHUS

SERPENS CAUDA

SCUTUM

Aldébaran et les Hyades (au centre, à gauche), ainsi que les Pléiades.

LES CARTES D'OCTOBRE
PEUVENT SERVIR AUX
DATES ET HEURES
SUIVANTES :

1 oct. : 23:00 TU
15 oct. : 22:00 TU
1 nov. : 21:00 TU

OCTOBRE, FACE AU NORD

Capella et les **Chevreaux** *(page 43)* sont maintenant assez haut dans le ciel au Nord-Est, de même qu'**Aldébaran** *(page 42)* de Taurus (le Taureau). Comme l'amas des Pléiades et Orion, ces étoiles, étant visibles tout l'hiver, vous deviendront très familières. De l'autre côté du ciel, le **Triangle de l'Été** commence à descendre sur l'horizon à l'Ouest. Cassiopeia (Cassiopée), une partie de Cepheus (Céphée) et la petite constellation de Lacerta (le **Lézard**), sont haut au-dessus de votre tête, dans la région du zénith. La faible constellation circumpolaire de Camelopardalis (la **Girafe**) est bien placée pour être observée, entre Cassiopée et le Cocher au Nord-Est.

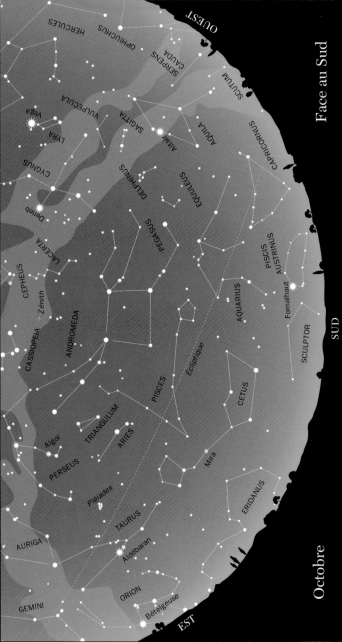

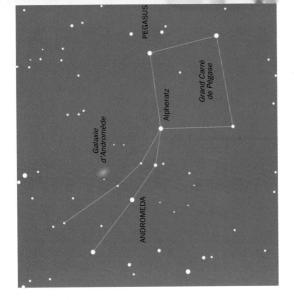

OCTOBRE, FACE AU SUD

Au Sud, le Grand Carré de Pegasus (**Pégase**) est juste sur le méridien et très reconnaissable. En fait, l'étoile de l'angle Nord-Est du Grand Carré, **Alpheratz** (ou Sirrah) appartient à Andromède. Alpheratz et les trois plus brillantes des étoiles restantes de cette constellation forment une ligne dirigée vers l'Est et le Nord. Par temps clair et si la pollution lumineuse n'est pas trop forte, la plupart des observateurs peuvent voir la tache floue de la lointaine **Galaxie d'Andromède** (*page 168*).

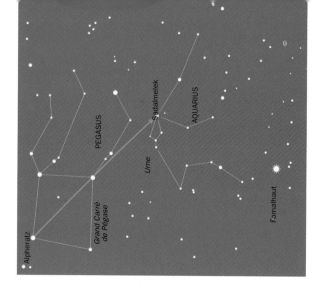

Alpheratz

PEGASUS

Grand Carré
de Pégase

Sadalmelek

Urne

AQUARIUS

Fomalhaut

MÉTÉORITES

16-26 OCT.
Maximum 21 oct.

ORIONIDES :
météorites rapides,
avec de
nombreuses traces

**NOMBRE MAXIMUM À
L'HEURE :**
environ 25

OCTOBRE

La représentation mythologique de Pégase,
comme celle d'Hercule *(page 67)* est inversée
sur le ciel et il n'est pas très difficile de
visualiser dans les lignes d'étoiles partant des
deux étoiles situées de l'autre côté du Grand
Carré et allant vers l'Ouest, le cou et la tête,
ainsi que les deux pattes avant du cheval
volant.

Sous la tête étirée de Pegasus, se trouve
la constellation zodiacale d'Aquarius (le
Verseau). Une diagonale traversant le Grand
Carré en partant d'Alpheratz, arrive sur l'étoile
la plus brillante, **Sadelmelik**. Juste à l'est
de cette étoile se trouve un « Y » bien distinct
de quatre étoiles. Cet astérisme est connu sous
le nom d'« Urne » d'Aquarius.

Le point le plus brillant est Jupiter, ici dans le Capricorne *(page 90)*.

Le Verseau, avec l'« Urne » (au centre à gauche, en haut) et la planète Saturne.

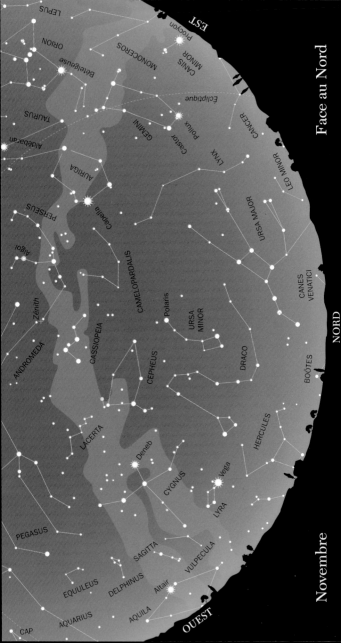

LES CARTES DE NOVEMBRE PEUVENT SERVIR AUX DATES ET HEURES SUIVANTES :

01 nov. : 23:00 TU
15 nov. : 22:00 TU
01 déc. : 21:00 TU

NOVEMBRE, FACE AU NORD

L'hiver est bien là maintenant, **Orion** *(page 41)*, la constellation dominante à cette saison, ayant réapparu à l'horizon Est. La constellation de Gemini (les **Gémeaux**) est aussi clairement visible, s'étendant plus ou moins parallèle à l'horizon, à l'Est. Des trois étoiles qui forment le Triangle de l'Été, Altair est très bas sur l'Ouest, mais Deneb et Vega sont encore bien visibles plus haut vers le Nord. La petite constellation de Lacerta (le **Lézard**) est bien placée pour être observée à l'Ouest, un peu plus haut que l'Étoile polaire. Auriga (le Cocher) est haut à l'Est et Andromède comme Persée sont juste au-dessus de votre tête, de chaque côté du zénith.

Les Gémeaux, avec Castor et Pollux à gauche.

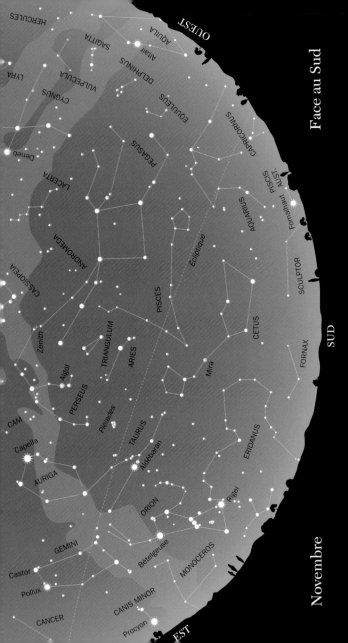

Face au Sud

SUD

Novembre

OUEST

EST

HERCULES
AQUILA
Altair
SAGITTA
LYRA
VULPECULA
DELPHINUS
CYGNUS
EQUULEUS
Deneb
PEGASUS
CAPRICORNUS
LACERTA
ANDROMEDA
AQUARIUS
PISCIS AUST.
Fomalhaut
CASSIOPEIA
SCULPTOR
Zenith
PISCES
Écliptique
CETUS
TRIANGULUM
ARIES
Mira
FORNAX
Algol
PERSEUS
CAM
Pléiades
TAURUS
ERIDANUS
Capella
Aldébaran
AURIGA
Rigel
ORION
GEMINI
Bételgeuse
MONOCEROS
Castor
Pollux
CANIS MINOR
CANCER
Procyon

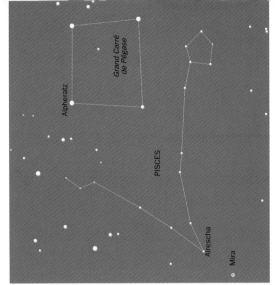

Grand Carré
de Pégase

Alpheratz

PISCES

Alrescha

Mira

NOVEMBRE,
FACE AU SUD

Au sud du Grand Carré de Pégase (maintenant au Sud-Ouest) se trouve un petit cercle de cinq étoiles, censées représenter le corps du poisson occidental de la constellation zodiacale de Pisces (les **Poissons**). Le deuxième poisson (oriental) n'est pas aussi distinct et consiste en quelques étoiles faibles, à l'est du Grand Carré. Les poissons sont représentés (dans les dessins mythologiques) comme étant attachés par la queue à deux rubans, marqués sur le ciel par deux longues lignes d'étoiles, qui forment un « V » au sud et à l'est de Pégase. L'étoile **Alrescha** (α) à la pointe du « V », représente le nœud.

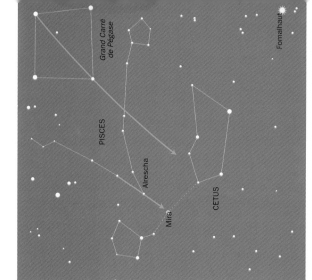

Grand Carré de Pégase

PISCES

Alrescha

Mira

CETUS

Fomalhaut

NOVEMBRE

Au sud des Pisces (les Poissons) s'étend la
constellation de Cetus (la **Baleine**), qui n'est
pas particulièrement facile à reconnaître. Le
« V » des Pisces pointe tout droit vers **Mira**,
l'une des plus célèbres étoiles variables du ciel.
Quand elle est brillante, elle est facilement
visible à l'œil nu. Quand elle est faible, la
constellation peut être traitée en deux parties.
Une diagonale traverse le Carré de Pégase vers
le Sud-Est pour arriver sur un polygone
irrégulier, avec trois étoiles assez brillantes, qui
forme le « corps » de Cetus. Les deux étoiles
brillantes du pentagone qui forme la « queue »
sont à l'est d'Alresha, des Poissons.

Pégase, avec le Grand Carré à gauche.

Les Poissons, avec Pégase (en haut à droite) et le Bélier (à gauche).

103

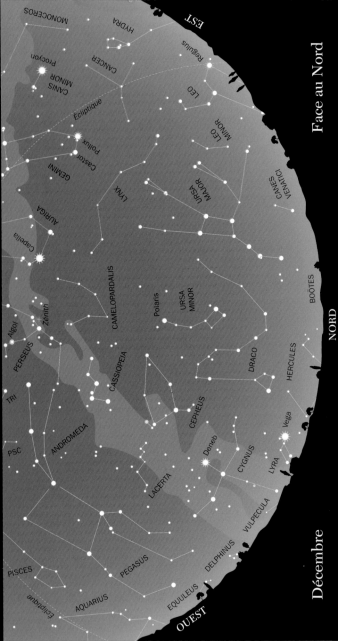

Persée *(page 230)*, avec l'Amas double (au centre, à droite).

LES CARTES DE
DÉCEMBRE PEUVENT
SERVIR AUX DATES ET
HEURES SUIVANTES :

1 déc. : 23:00 TU
15 déc. : 22:00 TU
1 janv : 21:00 TU

DÉCEMBRE, FACE AU NORD

Sirius *(page 48)* est levée, bien au-dessus de l'horizon et toutes les constellations brillantes de l'hiver sont maintenant visibles ensemble : Auriga, Taurus, Orion, Gemini et Canis Major. Le Triangle de l'Été, cependant, n'a pas complètement disparu. Vega rase l'horizon au Nord-Ouest, mais Deneb, plus haute et plus à l'ouest est encore nettement distincte. Bien que le Dragon soit presque à la partie la plus basse de sa trajectoire, sa tête (et le reste de la constellation) est bien placée pour être observée, sous l'Étoile polaire. Voyez si vous pouvez identifier la faible constellation du **Lynx** au Nord-Est. Elle s'étire généralement sur un axe Nord-Sud, à mi-chemin entre les étoiles extérieures de la Grande Ourse et Castor et Pollux des Gémeaux.

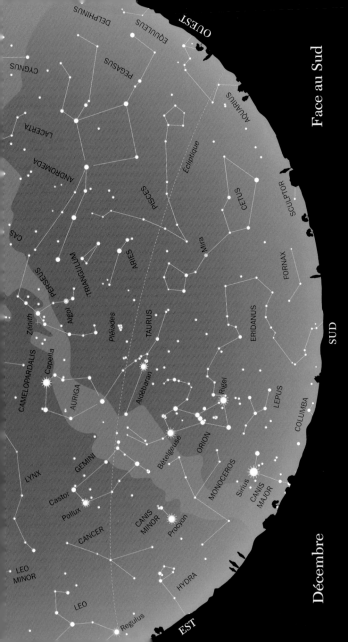

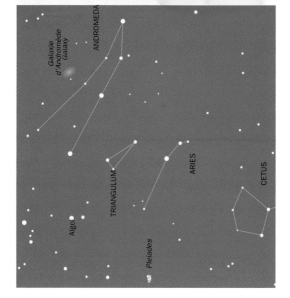

Galaxie
d'Andromède
Galaxy

ANDROMEDA

TRIANGULUM

Algol

ARIES

Pleiades

CETUS

DÉCEMBRE,
FACE AU SUD

Sous Andromède, à l'ouest du méridien, se trouvent deux petites constellations. La première, Triangulum (le **Triangle**) n'est rien de plus que son nom : trois étoiles toutes simples disposées en petit triangle. L'autre constellation, Aries (le **Bélier**) ne fait guère plus d'effet, bien qu'elle soit une constellation zodiacale importante. Ses trois étoiles les plus brillantes forment une ligne en crochet, petite mais reconnaissable. Quand vous aurez appris à la reconnaître, vous ne la confondrez avec aucun autre astérisme.

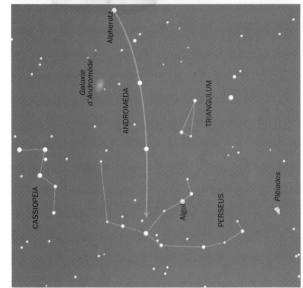

Alpheratz

Galaxie
d'Andromède

ANDROMEDA

CASSIOPEIA

TRIANGULUM

Algol

PERSEUS

Pléiades

MÉTÉORITES

7-16 DÉCEMBRE,
Maximum
14 décembre

GÉMINIDES : averse de nombreuses météorites brillantes, moyennement rapides. Une aubaine pour le photographe.

NOMBRE MAXIMUM A L'HEURE : environ 100

DÉCEMBRE

Au zénith s'étend la constellation de **Perseus (Persée)**, qui était probablement plus facile à identifier le mois précédent, quand elle était plus basse sur le ciel. La chaîne d'étoiles brillantes d'Andromède, qui s'étend vers l'Est à partir du Carré de Pegasus (Pégase), pointe vers α Per, l'étoile la plus brillante, d'où partent trois lignes d'étoiles, la première montant vers Cassiopeia (Cassiopée), la deuxième descendant vers les Pléiades *(page 42)* et la troisième revenant vers Triangulum (le Triangle). Cette dernière contient β Per, **Algol**, autre célèbre étoile variable, normalement brillante. Même quand elle pâlit, elle reste encore bien visible à l'œil nu, contrairement à Mira *(page 102)*.

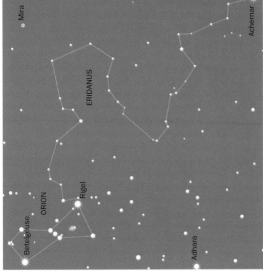

DÉCEMBRE

Enfin, voici Eridanus (la rivière **Éridan**), qui commence près de Rigel dans Orion, au Sud-Ouest, puis poursuit son chemin sinueux vers l'Ouest et le Sud, en disparaissant en dessous de l'horizon. C'est une constellation extrêmement longue qui se termine loin au Sud, à l'étoile Achernar, invisible sous nos latitudes.

LES PHASES DE LA LUNE

Chacun de nous est familier avec les aspects changeants de la Lune au cours du mois, **croissante** de la Nouvelle Lune à la Pleine Lune, puis **décroissante** de la Pleine Lune à la Nouvelle Lune. Ces différentes **phases** sont dues aux variations des positions relatives du Soleil, de la Lune et de la Terre, et correspondent à l'éclairement de la Lune par le Soleil. À la Nouvelle Lune, la Lune se trouve entre la Terre et le Soleil, son côté obscur étant tourné vers nous et donc invisible.

Après la Nouvelle Lune, un mince **croissant** est visible à l'occident pendant une courte durée après le coucher du Soleil. Ce croissant grandit peu à peu jusqu'à ce que la moitié du disque soit illuminée (Premier Quartier). Au cours de la première phase croissante, il est souvent possible de voir un faible éclairement sur le côté « noir » de la Lune, la lumière cendrée, due à la lumière solaire réfléchie par la Terre, qui éclaire la partie de la Lune non illuminée par le Soleil et visible de la Terre.

Quand la Lune se déplace vers l'Est par rapport aux étoiles, elle reste visible de plus en plus tard dans la nuit. Entre le Premier Quartier et la Pleine Lune, la Lune est **gibbeuse** (illuminée sur plus de la moitié du disque visible). À la Pleine Lune, elle se trouve à l'opposé du Soleil, et haute dans le ciel à minuit. Entre la Pleine Lune et le Dernier Quartier, la Lune est à nouveau gibbeuse, et traverse le méridien après minuit. Parfois un mince croissant peut être visible pendant peu de temps avant le lever du Soleil. Nous sommes alors revenus à la Nouvelle Lune.

La rotation de la Lune sur elle-même étant égale à la durée de sa révolution autour de la Terre, la Lune présente toujours la même face. Cependant, son orbite n'étant pas un cercle parfait mais une ellipse, la Lune est plus ou moins éloignée de la Terre et son diamètre apparent change légèrement. De plus, sa vitesse en orbite n'est pas constante ; elle se trouve tantôt devant, tantôt derrière la position qu'elle devrait occuper si sa vitesse était toujours la même. De ce fait, la Lune paraît se balancer en avant et en arrière dans le ciel, et nous pouvons à l'occasion, voir légèrement plus loin que son bord moyen **(limbe)** oriental ou occidental. Comme nous l'avons

Vénus réapparaissant après l'occultation par la Lune.

déjà écrit *(page 25)*, la Lune est parfois au-dessus ou au-dessous de l'écliptique, et nous voyons alors une plus grande partie de sa surface, respectivement sur les limbes méridional ou septentrional. Par suite de ces mouvements (ou **librations**), la partie de la Lune visible de la Terre est égale à 59,5 % de la surface totale.

Occultations

Il arrive que la Lune passe devant des étoiles ou des planètes brillantes (occultation). La Lune ne possédant pas d'atmosphère, les étoiles ne pâlissent pas mais disparaissent et réapparaissent instantanément (sauf pour les étoiles doubles *(page 166)* dont l'éclat change par étapes). En raison du mouvement de la Lune en déclinaison *(page 19)*, de nombreuses années s'écoulent entre les occultations successives d'étoiles brillantes comme Regulus de Leo (le Lion).

LA SURFACE DE LA LUNE

La répartition de la surface de la Lune en parties claires et sombres est frappante même à l'œil nu. En général, les régions claires sont des **chaînes de montagnes** composées des roches les plus anciennes de la Lune. Les régions sombres sont appelées mers, en fait de grandes plaines basses. Certaines sont des cuvettes géantes probablement creusées par l'impact d'énormes météorites et remplies de lave noire. Ces parties sont presque toutes plus jeunes que les régions montagneuses, bien qu'elles soient plus anciennes que la majorité des roches trouvées sur la Terre.

De simples jumelles suffisent pour révéler un grand nombre de **cratères** ou cirques. Les positions des plus manifestes sont montrées dans les pages suivantes. Certains cirques remplis de lave noire (comme celui de Platon) sont très caractéristiques et il en existe de toutes les tailles, jusqu'aux plus petites « mers », comme Mare Crisium (circulaire bien qu'elle paraisse elliptique). Sinus Iridium, sur le bord de Mare Imbrium, est un cratère à crevasse et de nombreux autres semblables sont aisément visibles.

Les cratères sont plus visibles quand leurs parois jettent de longues ombres, au lever et au coucher du soleil. Ils doivent pour cela se trouver près de la ligne qui divise les parties éclairées et obscures de la Lune. Cette ligne, le **terminateur,** se déplace sur la surface de la Lune au cours du mois. La plupart des cratères se trouvent deux fois par mois dans une position favorable à l'observation, mais pour les régions proches des pôles lunaires et aux limbes Est et Ouest, il peut se passer plusieurs mois (ou même des années) avant que le relief soit correctement éclairé au moment d'une libration (et donc de visibilité) maximum.

Il est difficile de voir le relief à la Pleine Lune, l'éclairage étant vertical, bien que le contraste montagnes/mers soit bien marqué. Les « stries » autour de certains cratères relativement jeunes, sont cependant normalement visibles. Ces traces de fins matériaux éjectés lors d'un impact, sont particulièrement brillantes autour des cratères Copernicus, Kepler, Aristarque et Tycho. Les stries de Tycho traversent la face visible de la Lune jusqu'à Mare Serenitatis dans l'hémisphère Nord.

La différence entre les montagnes et les mers est très nette.

LA LUNE À 3 JOURS

La Lune prend 29,53 jours pour achever un cycle complet de phases (appelé lunaison) de la Nouvelle Lune à la Nouvelle Lune. Quand elle n'est qu'un mince filet, croissant ou décroissant, très peu d'éléments sont visibles. Bien que quelques observateurs aient cherché à savoir combien de temps après la Nouvelle Lune il est possible de détecter son mince croissant, et ont réussi après quelques heures seulement, il faut normalement trois jours avant de pouvoir découvrir quelques détails, avec de petites « lunettes » ou des jumelles.

LA LUNE À 3 JOURS

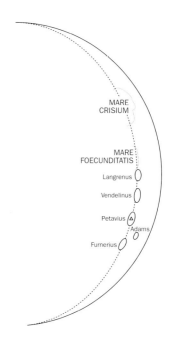

Les trois cratères les plus visibles, juste sur le terminateur, sont (de haut en bas, du Nord au Sud) Langrenus, Vendelinus et Petavius, avec son haut pic central. Plus au Sud, on peut voir la paroi irrégulière d'Adams et le cratère sombre de Furnerius. Au Nord de Langrenus, le terminateur traverse les régions plates au bord de Mare Foecunditatis et Mare Crisium.

LA LUNE À 7 JOURS

Plusieurs « mers » sont maintenant visibles : Mare Crisium, Mare Foecunditatis, Mare Nectaris, la plus grande partie de Mare Tranquilitatis et une partie de Mare Serenitatis. Plus au Nord, Lacus Somniorum et une partie de Mare Frigoris sont également distincts. Les montagnes du Sud sont criblées de cratères. Langrenus, Vendelinus et Petavius forment des taches brillantes sous le Soleil. Près du terminateur, les trois cratères adjacents Theophilus, Cyrillus et Catharina sont très bien visibles. Non loin, Mare Nectaris s'étend vers le Sud, dans

LA LUNE À 7 JOURS

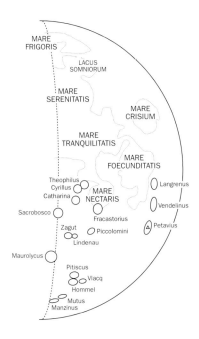

le cratère Fracastorius. Plus au Sud, se trouve Piccolomini, avec Lindenau et Zagut.

Plus au Sud encore, se trouve le groupe de Pitiscus, Vlacq et Hommel. Mutus et Manzinus sont dans la région polaire Sud. Le terminateur lui-même traverse les cratères Sacrobosco et Maurolycus.

LA LUNE À 10 JOURS

Mare Serenitatis est maintenant entièrement visible, avec Plinius, Menaelaus et les Haemus Montes sur son bord méridional. Une trace brillante traverse le centre de la « mer ». Plus à l'Ouest, on peut voir la plus grande partie de Mare Imbrium, avec Montes Jura sur le terminateur. Le cercle sombre du cratère Plato est entouré par les Montes Alpinus. Plus au Sud, la « mer » est bordée par les Montes Apenninus, avec Ératosthène à l'extrémité de la chaîne. Archimède est visible dans la « mer » elle-même. Le cratère

LA LUNE À 10 JOURS

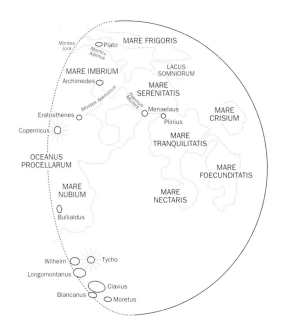

brillant Copernicus se trouve entre Mare Imbrium et Oceanus Procellarum, plus grand. Plus au Sud, se trouve Mare Nubium et le grand cratère Bullialdus. La plupart des stries s'étalant sur le disque, partent du cratère Tycho. À l'ouest de celui-ci, près du terminateur, se trouvent Wilhelm et Longomontanus. Plus loins au Sud, ce sont Clavius, Blancanus et Moretus.

LA LUNE À 14 JOURS

À la Pleine Lune, nous regardons directement la surface, dans le même sens que les rayons du Soleil, ce qui fait disparaître presque toutes les ombres, sauf près des limbes où tous les reliefs sont raccourcis et difficiles à reconnaître. À cette période cependant, les systèmes de stries sont particulièrement visibles, surtout autour de Tycho, qui montre aussi sa sombre auréole. D'autres systèmes de stries entourent

LA LUNE À 14 JOURS

Copernic et Kepler. À l'Ouest, dans Oceanus Procellarum, le cratère Aristarque est brillant et bien distinct. Au centre du disque se trouvent les régions sombres de Mare Vaporum, Sinus Aestuum et Sinus Medii.

LA LUNE À 18 JOURS

Le terminateur du soir a englouti Mare Crisium et Mare Foecunditatis, mais les reliefs autour de Mare Serenitatis et Mare Tranquilitatis sont maintenant visibles, surtout Posidonius. Le cratère Theophilus est bien net sur les bords de Mare Tranquilitatis et Mare Nectaris. Plus au Sud, s'étend le grand cratère Maurolycus, avec Tycho à l'Ouest. Les trois cratères de Pitiscus, Vlacq et Hommel se trouvent près du terminateur. Un peu plus au Nord, juste sur le terminateur, se trouvent Janssen et Fabricius. À l'Ouest, Grimaldi et

LA LUNE À 18 JOURS

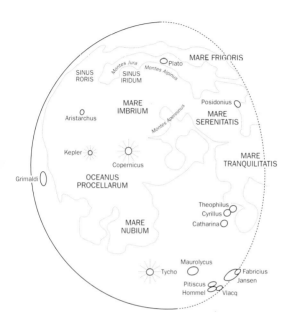

Aristarque sont encore visibles. Dans la partie Nord du disque, on peut voir la totalité de Mare Frigoris, avec Sinus Roris. Mare Ibrium qui, avec les montagnes qui l'entourent, fut créée par un impact gigantesque, est clairement visible à cette phase de la lunaison.

LA LUNE À 22 JOURS

Le terminateur s'est maintenant déplacé si loin de l'autre côté du disque que la plupart des montagnes criblées de cratères sont cachées, et les sombres Mare Imbrium, Oceanus Procellarum et Mare Humorum sont bien visibles. Aristarque brille, sur le bord de Mare Imbrium, de même que la partie autour du cratère Crüger, dans la région trouée de cratères séparant Oceanus Procellarum et Mare Humorum. Sinus Iridum et Copernicus et, plus au Sud, Grimaldi sont mis en relief par l'ombre qui s'avance. Bullialdus est encore visible

LA LUNE À 22 JOURS

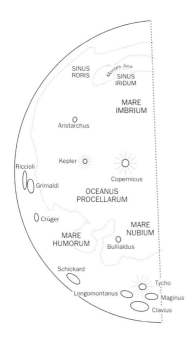

ainsi que, plus au Sud, Maginus et Clavius. Tycho est sur le terminateur. Le cratère Grimaldi se voit nettement, ainsi qu'une tache noire qui est le fond de Riccioli. Schickard, plus au Sud, présente également un fond noir.

LA LUNE À 25 JOURS

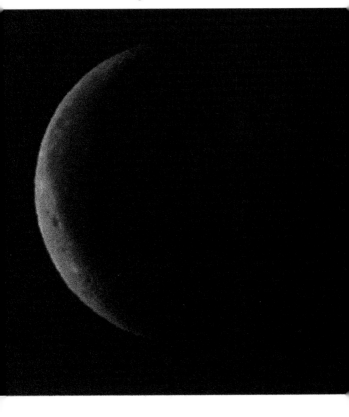

À cette phase, le terminateur s'approche du limbe occidental de la Lune et très peu d'éléments sont visibles. Mare Humorum est maintenant dans l'ombre et seuls les bords peu accidentés d'Oceanus Procellarum et Sinus Roris restent visibles. On peut apercevoir les fonds sombres de Grimaldi, Riccioli et Schickard, de même que diverses taches plus brillantes sur les montagnes. Selon le degré de libration *(page 111)* d'autres cratères peuvent être visibles dans la région

LA LUNE À 25 JOURS

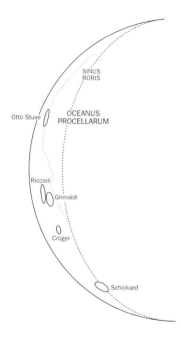

longeant le limbe, surtout au Sud. Presque à l'ouest d'Aristarque, le grand cratère Otto Struve est souvent distinct à cette époque de la lunaison.

ÉCLIPSES

Si l'orbite de la Lune autour de la Terre correspondait à l'écliptique (orbite de la Terre autour du Soleil), il se produirait une **éclipse de soleil** à chaque Nouvelle Lune, car les corps célestes seraient en ligne, et une **éclipse de lune** à chaque Pleine Lune. En fait, ceci n'arrive pas, parce que l'orbite est inclinée et que des variations se produisent dans l'inclinaison et l'orientation dans l'espace. (L'inclinaison varie de 18° à 28,5°.)

En conséquence, le nombre et le type d'éclipses annuels varient beaucoup. Le nombre minimum d'éclipses est de quatre (deux de Soleil et deux de Lune) et le maximum de sept. Une longue période (le **Saros**) de 18 ans et 10,3 ou 11,3 jours s'écoule avant que le même cycle ne se reproduise. Cependant ce schéma ne se répète pas exactement et le trajet des éclipses de Soleil se déplace lentement vers le Sud, dans un cycle plus long qui dure 1 262 ans.

Éclipses de Soleil

Les éclipses de Soleil se produisent quand la Lune passe entre le Soleil et la Terre (à la Nouvelle Lune), en projetant son ombre sur la Terre. On peut distinguer alors une zone centrale obscure, le cône d'**ombre**, et une zone périphérique plus claire, la **pénombre**. Vus de la Terre, Lune et Soleil paraissent presque exactement de la même taille (environ 32' de

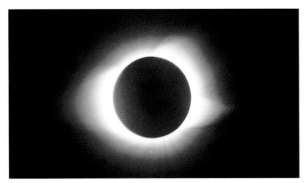

La couronne solaire apparaît très différente d'une éclipse à l'autre.

diamètre apparent). Un observateur placé sur le passage de la zone centrale verra alors une **éclipse totale**, très spectaculaire quand la **couronne** solaire, avec ses plumes et ses jets rayonnants, devient apparente.

Comme nous l'avons vu plus haut *(pages 24-25)*, les distances entre la Terre et la Lune et entre la Terre et le Soleil varient. Les conditions les plus favorables se produisent quand la Lune est le plus près de la Terre **(périgée)**, et la Terre le plus loin du Soleil **(aphélie)**. La Lune paraît plus grande et le Soleil plus petit, l'éclipse est alors plus longue et peut durer théoriquement 7 minutes 31 secondes. Ces conditions idéales se produisent rarement, et la plupart des éclipses totales sont beaucoup plus courtes.

Les éclipses peuvent se produire quand la Lune est le plus loin de la Terre **(apogée)** et la Terre le plus près du Soleil **(périhélie)**. Le disque de la Lune ne recouvre plus le Soleil (le cône d'ombre ne touchant pas la Terre), et un anneau de lumière reste visible, en donnant une **éclipse annulaire**.

Si les conditions sont favorables, Soleil et Lune étant juste au-dessus de votre tête, le diamètre maximum du cône d'ombre est de 273 km. Il est généralement beaucoup moins important, de 150 à 160 km. Vers les pôles, il augmente et peut atteindre 780 km. En raison de la rotation de la Terre et du mouvement de la Lune sur son orbite, le cône d'ombre balaie la surface de la Terre à environ 3 200 km/h. L'éclipse totale ne sera alors visible qu'à l'intérieur d'une étroite bande traversant le globe. Tout observateur se situant en dehors de cette bande étroite et jusqu'à environ 3 200 km de la ligne centrale, verra une **éclipse partielle**.

Avertissement : Ne regardez jamais le Soleil à l'œil nu et encore moins avec des jumelles, une lunette ou un télescope. Vous risquez d'endommager gravement vos yeux. Même quand il est bas sur l'horizon, les rayons infrarouges sont encore assez forts pour abîmer votre rétine. Les prétendus « filtres solaires » se fixant à l'intérieur des télescopes, ne doivent jamais être utilisés, la plupart laissant passer les rayons ou se cassant sous l'effet de la chaleur. Le seul moyen sans danger est de projeter l'image du Soleil sur un petit écran tenu derrière l'oculaire, ou d'utiliser un filtre solaire approprié, qui absorbe la plus grande partie de la lumière et de la chaleur **avant**

qu'elle n'entre dans le télescope. Surtout alors, ne vous servez pas du chercheur pour aligner le télescope. (Il faut le recouvrir pour empêcher la lumière d'y entrer.)

Éclipses de Lune

Contrairement aux éclipses de Soleil, les éclipses de Lune peuvent être vues de n'importe quel point de l'hémisphère correspondant. Elles durent aussi beaucoup plus longtemps, au maximum 107 minutes. La trajectoire (vers l'Est) de la Lune la fait passer par la pénombre, le cône d'ombre, puis à nouveau la pénombre. L'obscurcissement dû à la pénombre est généralement si léger qu'on ne le remarque pas et c'est seulement quand la Lune atteint l'ombre que l'on s'aperçoit de l'éclipse. Les éclipses pénombrales (la Lune traversant la zone périphérique de l'ombre) sont de peu d'intérêt.

Même dans l'ombre, la Lune ne disparaît pas, bien que son éclat et sa couleur varient à chaque éclipse, en raison des conditions de l'atmosphère terrestre. Pendant une éclipse totale, la Lune est normalement éclairée par la lumière solaire réfractée par l'atmosphère terrestre. Elle peut aussi prendre une teinte bleuâtre au bord du cône d'ombre. Il est rare que la Lune soit si noire qu'elle disparaisse à mi-éclipse. La lumière est généralement suffisante pour distinguer ses principaux reliefs.

Tableau des éclipses de Soleil : 2004-2008

2004	19 avr.	Partielle		S. Afrique, Madagascar, Antarctique
2004	14 oct.	Partielle		Sibérie, N. Chine, Japon
2005	08 avr.	Annulaire totale	0m42s	Nouvelle-Zélande, Pacifique centre, Venezuela
2005	03 oct.	Annulaire	4m31s	Espagne, N. Afrique, Soudan, Kenya, Océan Indien
2006	29 mars	Totale	4m07s	O. et N. Afrique, Turquie, Asie centrale
2006	22 sept.	Annulaire	7m09s	N. Amérique du Sud, S. Atlantique
2007	19 mars	Partielle		E. Asie
2007	11 sept.	Partielle		S. Amérique, Antarctique
2008	07 fév.	Annulaire	2m12s	Pacifique Sud, Antarctique
2008	01 août	Totale	2m27s	N. Canada, Chine, Groenland, Nouvelle-Zemble, Sibérie

Tableau des éclipses de Lune : 2004-2008

2004	04 mai	Totale	Inde, Moyen-Orient, Europe, Afrique
2004	28 oct.	Totale	Europe, N. et S. Amérique
2005	17 oct.	Partielle	N. Amérique, Asie (non visible en Europe)
2006	07 sept.	Partielle	O. Asie, Inde, E. Afrique
2007	03 mars	Totale	Europe, Afrique
2007	28 août	Totale	Pacifique, E. Australie
2008	21 fév.	Totale	O. Europe et Afrique, S. et N. Amérique, (sauf côte Ouest)
2008	16 août	Partielle	Inde, Afrique, E. Europe

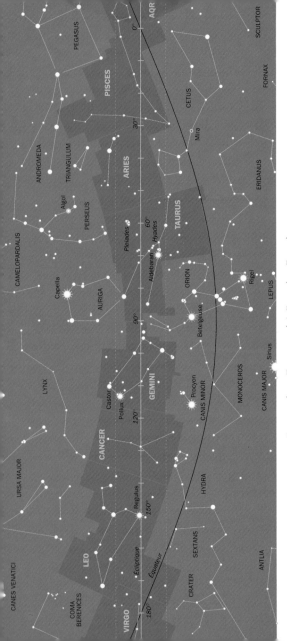

CONSTELLATIONS ZODIACALES : PISCES (LES POISSONS) À LEO (LE LION)

Les constellations zodiacales sont indiquées ici en plus foncé. Le Soleil se trouve toujours sur l'écliptique, et la Lune et les planètes se trouvent dans la région indiquée par les pointillés. Cette zone contient aussi des parties de plusieurs autres constellations, comme Auriga (le Cocher), Cetus (la Baleine), Ophiuchus (le Serpentaire). Orion et Sextans.

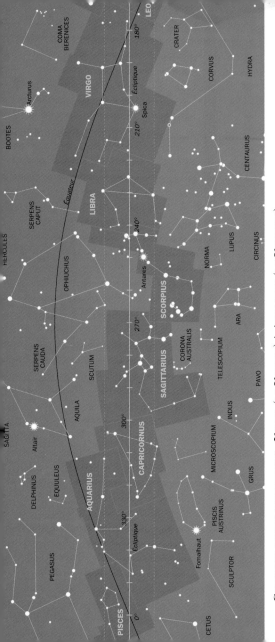

CONSTELLATIONS ZODIACALES : VIRGO (LA VIERGE) À AQUARIUS (LE VERSEAU)

Cette projection montre l'écliptique comme une ligne droite et l'équateur céleste comme une ligne courbe. La longitude écliptique est indiquée à l'est, sur l'écliptique, en commençant à 0°, équinoxe de printemps, ou Point vernal (*page 24*), maintenant dans les Poissons.

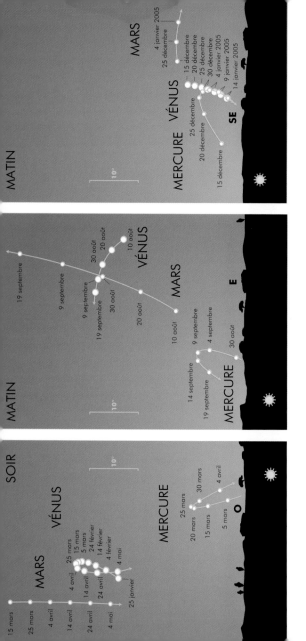

SOIR

MATIN

MATIN

MARS

15 mars
25 mars
4 avril
14 avril
24 avril
4 mai

VÉNUS
25 mars
15 mars
5 mars
24 février
14 février
4 février
4 mai
25 janvier

MERCURE
25 mars
20 mars
15 mars
5 mars
30 mars
4 avril

19 septembre
9 septembre
9 septembre
19 septembre
30 août
20 août
10 août

VÉNUS
30 août
20 août
10 août

MARS
20 août
10 août

MERCURE
14 septembre
19 septembre
9 septembre
4 septembre
30 août

E

MARS
4 janvier 2005
25 décembre

VÉNUS
15 décembre
20 décembre
25 décembre
30 décembre
4 janvier 2005
9 janvier 2005
14 janvier 2005

MERCURE
25 décembre
20 décembre
15 décembre

SE

10°

POSITIONS PLANÉTAIRES 2004

Mercure est à élongation orientale le 30 mars et occidentale le 10 septembre, lorsqu'il est près de Regulus. Il est probablement plus facile à voir à élongation occidentale en décembre lors d'une série de 5 conjonctions avec Vénus, la première ayant lieu le 28 décembre.

Vénus est particulièrement visible autour de ses plus grandes élongations orientale (29 mars) et occidentale (17 août). Mars est tout proche en ces deux occasions. Le 8 juin a lieu l'un des rares passages de Vénus directement entre le Soleil et la Terre. Les observateurs expérimentés, qui savent prendre les précautions nécessaires pour regarder le Soleil sans risque (*voir page 129*), voient Vénus passer devant le disque du Soleil en 6 heures et 12 minutes. En décembre, Vénus est proche de Mercure et doit permettre de le trouver à l'aube.

Mars est visible au début de l'année 2004 puis disparaît au crépuscule en mai, lorsqu'il est dans Taurus. Il n'atteint pas l'opposition en 2004, mais réapparaît à l'aube en novembre.

Jupiter est très brillant à l'aube au début de l'année, atteignant une magnitude de -2,5 en opposition le 4 mars. Il disparaît au crépuscule fin mai et réapparaît avec une magnitude d'environ -2,0 à l'aube début novembre.

Saturne n'est pas en opposition en 2004, mais il est visible une grande partie de l'année dans les Gémeaux. Il décline d'une magnitude de -0,5 en janvier à une magnitude de 0,2 à la mi-mai, lorsqu'il disparaît au crépuscule. Il réapparaît à l'aube, légèrement plus faible, en septembre, près de la frontière avec le Cancer, puis commence à rétrograder en novembre avant d'arriver en opposition le 14 janvier 2005.

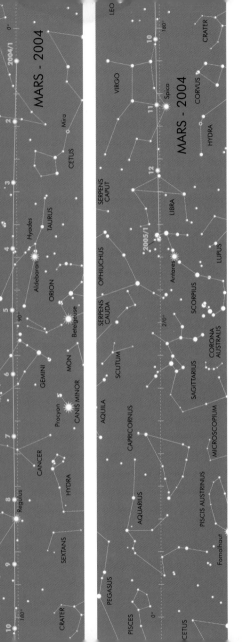

MARS - 2004

MARS - 2004

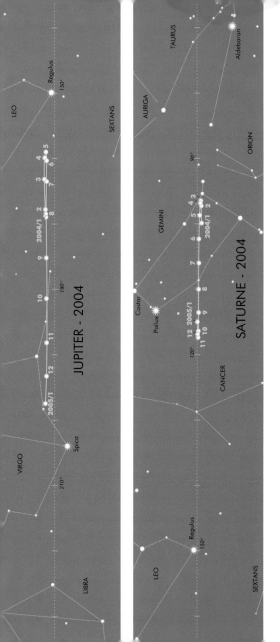

JUPITER - 2004

SATURNE - 2004

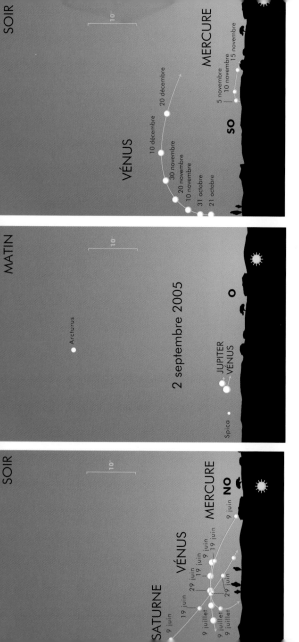

SOIR

10°

SATURNE

VÉNUS

MERCURE **NO**

9 juin
19 juin
19 juin
9 juin
19 juin
29 juin
9 juin
29 juin
9 juillet
9 juillet
9 juillet

9 juin

MATIN

10°

Arcturus

2 septembre 2005

O

Spica

JUPITER
VÉNUS

SOIR

10°

VÉNUS

MERCURE

20 décembre

10 décembre

30 novembre
20 novembre
10 novembre
31 octobre
21 octobre

5 novembre
10 novembre
15 novembre

SO

POSITIONS PLANÉTAIRES 2005

Mercure est très difficile à voir cette année. Il est à sa plus grande élongation orientale le 9 juin lorsqu'il est proche de Vénus, mais la lumière claire du crépuscule d'été gêne l'observation. Il est de nouveau à son élongation orientale, pas loin de la Lune, le 4 novembre, mais il est si bas qu'un ciel extrêmement clair, de préférence avec un horizon déprimé (c'est-à-dire en observant depuis le sommet d'une colline), et des jumelles sont nécessaires pour le déceler.

Vénus est médiocrement placée au début de l'année. Elle est proche de Mercure et Saturne au nord-ouest dans le ciel du soir le 29 juin quand son élongation par rapport au Soleil est croissante. Sa magnitude est de –3,6 le 2 septembre lorsqu'elle est en proche conjonction avec Jupiter (magnitude –1,6). Bien qu'elles soient très basses sur l'horizon, les deux planètes sont bien brillantes et devraient donc être visibles. On voit Vénus au mieux les trois derniers mois de l'année.

Mars commence l'année dans le Scorpion, mais n'est pas aisément visible jusqu'en juillet. Il est alors dans les Poissons et se lève vers minuit. Il commence à rétrograder en octobre, atteignant l'opposition le 30 dans le Bélier à une magnitude de –2,3. Il reste visible jusqu'à la fin de l'année, reprenant un mouvement direct début décembre.

Jupiter est dans la Vierge une grande partie de l'année, se déplaçant depuis l'aube en janvier jusqu'à opposition le 3 avril, à la magnitude de –2,3. Il disparaît au crépuscule fin mai et ne devient aisément visible à l'aube qu'à la fin de l'année, mais il peut être aperçu en conjonction avec Vénus, bas sur l'horizon à l'ouest le 2 septembre.

Saturne est visible toute la nuit au début de l'année, atteignant l'opposition le 13 janvier dans les Gémeaux, avec une magnitude de –0,2. Il disparaît au crépuscule vers la fin mai, puis réapparaît dans le ciel matinal fin octobre, devenant de plus en plus visible vers la fin de l'année.

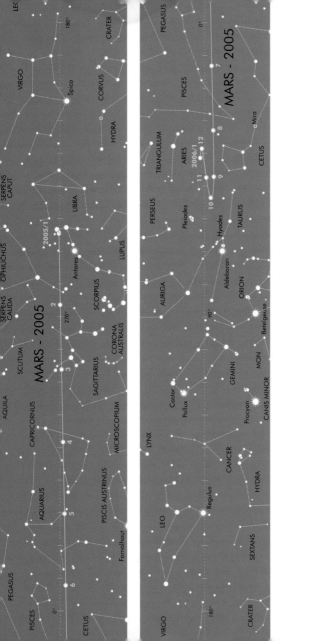

MARS - 2005

MARS - 2005

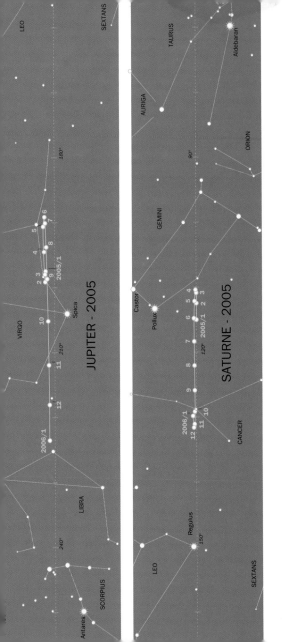

JUPITER - 2005

SATURNE - 2005

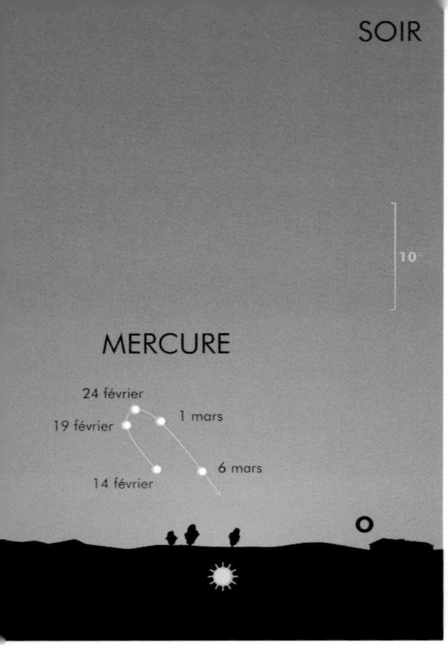
SOIR
10°
MERCURE
24 février
19 février
1 mars
6 mars
14 février
O

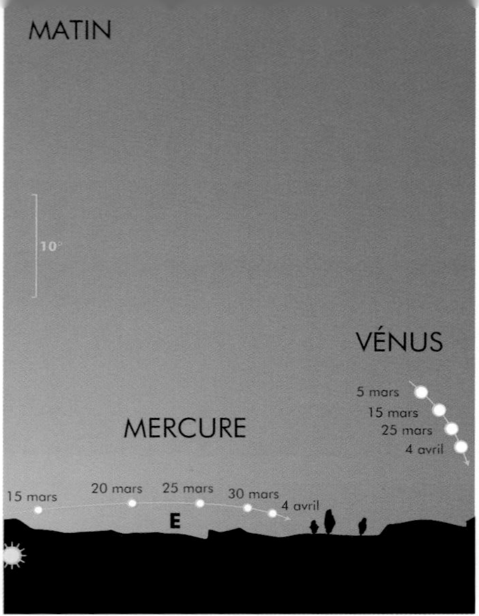
MATIN
10°
VÉNUS
5 mars
15 mars
25 mars
4 avril
MERCURE
15 mars
20 mars
25 mars
30 mars
4 avril
E

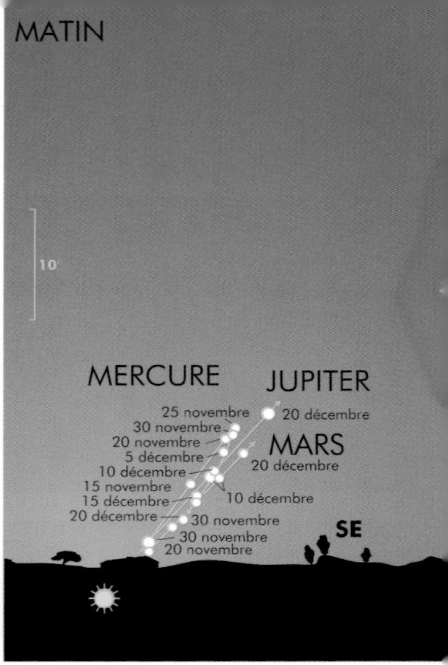
MATIN
10°
MERCURE
JUPITER
25 novembre
20 décembre
30 novembre
20 novembre
MARS
5 décembre
20 décembre
10 décembre
15 novembre
10 décembre
15 décembre
20 décembre
30 novembre
30 novembre
20 novembre
SE

POSITIONS PLANÉTAIRES 2006

Mercure est visible au crépuscule à la mi-février à une magnitude de -1,0 mais faiblit rapidement, atteignant -0,4 à élongation le 24 février et 2,4 le 6 mars. Il est très bas sur l'horizon oriental de mi-mars à début avril lorsque Vénus brille à proximité. Il peut être aperçu de nouveau, avec Vénus et Saturne, à l'aube fin juillet et début août et atteint une magnitude de 0,2 à élongation occidentale le 7 août. Il réapparaît fin novembre au sud-est, lorsque Mars et Jupiter sont proches. Sa magnitude reste de -0,5 environ lorsqu'il est visible. Le 8 novembre, il passe devant le disque solaire pendant 4 heures et 58 minutes. N'oubliez pas de prendre les précautions nécessaires pour observer cet événement (p. 129).

Vénus est visible dans le ciel matinal de février à fin octobre et très lumineuse pendant cette longue période, commençant à une magnitude de -4,5, devenant légèrement plus brillante, puis faiblissant jusqu'à -3,4. Elle est en élongation occidentale le 25 mars ; en décembre, elle devient visible à l'ouest peu après le coucher du Soleil.

Mars était à plus proche fin décembre 2005 ; il est donc aisément visible (magnitude -0,4) au début de l'année dans le Bélier dans le ciel du soir, disparaissant au petit matin. Fin mai, il se couche vers minuit (magnitude 1,8) et disparaît graduellement au crépuscule. Il réapparaît avant l'aube en novembre, alors proche de Mercure et Jupiter à l'est.

Jupiter commence l'année dans la Vierge dans le ciel matinal à une magnitude de -1,8. Il se déplace lentement vers l'est jusque début mars et commence alors à rétrograder, devenant visible avant minuit. Il est le plus lumineux tout au long des mois d'avril et mai (magnitude -2,5), et en opposition le 5 mai. Reprenant son mouvement direct mi-juillet, il reste visible dans le ciel du soir jusqu'en octobre, bien qu'il soit proche de l'horizon. Début décembre, on le voit dans le ciel matinal, près de Mars et Mercure, et il termine l'année dans Ophiuchus.

Saturne est très visible au début de l'année, lorsqu'il rétrograde dans le Cancer, et la plus grande partie de la nuit. Il est en opposition le 28 janvier (à magnitude -0,02), puis continue d'être visible dans le ciel du soir, faiblissant lentement. Il disparaît au crépuscule en juin avec une magnitude de 0,4. Il réapparaît avec le même éclat en septembre, bas sur l'horizon à l'est à la frontière du Cancer et du Lion. Il conserve la même magnitude et finit l'année dans le Lion.

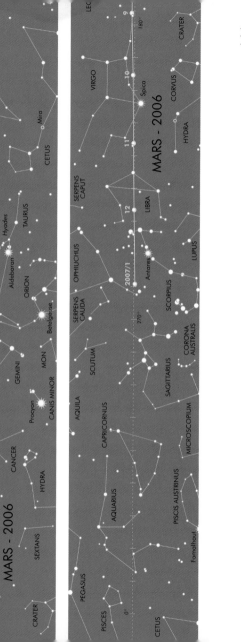

MARS - 2006

MARS - 2006

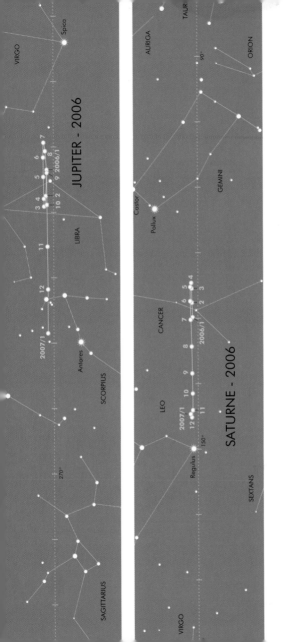

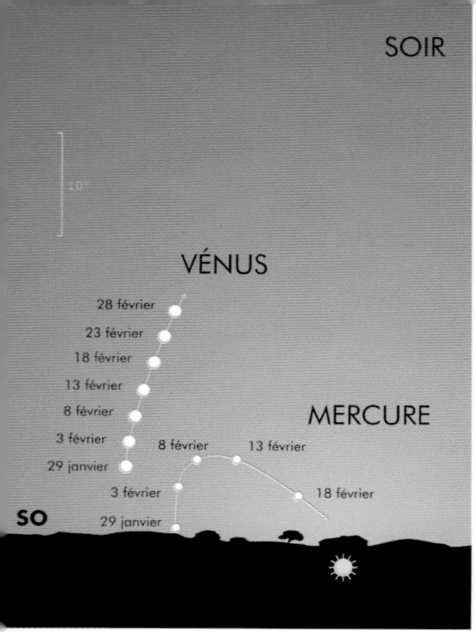

SOIR
10°
VÉNUS
28 février
23 février
18 février
13 février
8 février
3 février
29 janvier
MERCURE
8 février
13 février
3 février
18 février
29 janvier
SO

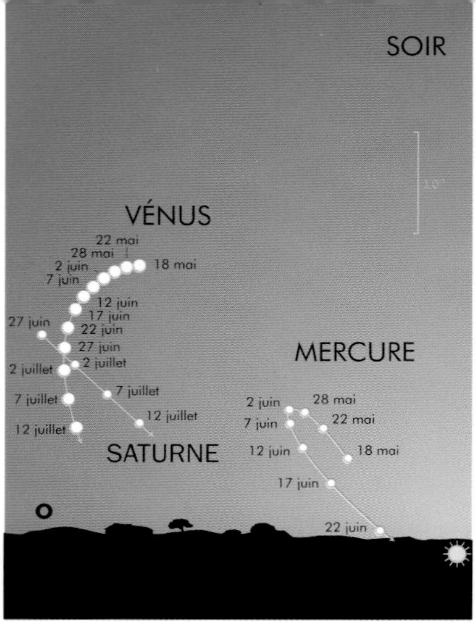

SOIR
10°
VÉNUS
22 mai
28 mai
18 mai
2 juin
7 juin
12 juin
17 juin
27 juin
22 juin
27 juin
2 juillet
2 juillet
7 juillet
7 juillet
12 juillet
12 juillet
SATURNE
MERCURE
2 juin
28 mai
7 juin
22 mai
12 juin
18 mai
17 juin
22 juin
O

MATIN
4 novembre
30 octobre
25 octobre
SATURNE
20 octobre
15 octobre
20 octobre
10 octobre
25 octobre
30 octobre
10 octobre
4 novembre
15 octobre
9 novembre
14 novembre
19 novembre
10°
VÉNUS
4 novembre
9 novembre
30 octobre
14 novembre
19 novembre
25 octobre
MERCURE
SE

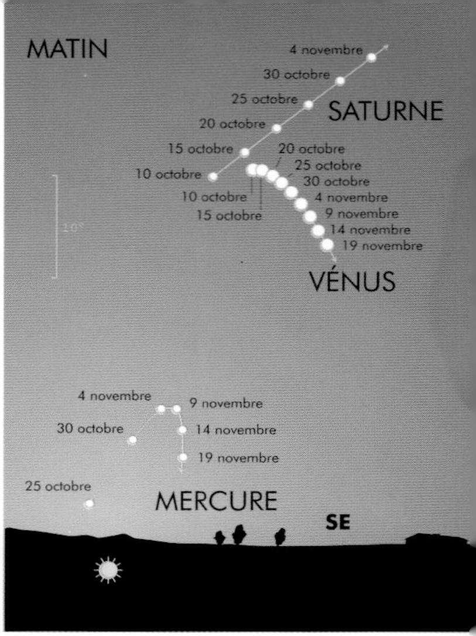

POSITIONS PLANÉTAIRES 2007

Mercure devrait être vu à élongation orientale cette année accompagné de Vénus, comme le 8 février (magnitude -0,1) et le 2 juin (magnitude 0,6). Plus tard dans l'année, il est en sa plus grande élongation occidentale le 8 novembre avec une magnitude de -0,4, en dessous de Vénus, qui brille dans le ciel à l'est, et près de Saturne, plus faible.

Vénus est bien visible presque toute l'année, commençant à une magnitude de -3,9. Elle se déplace vers le crépuscule fin mai et atteint l'élongation orientale maximale le 9 juin. Elle est en proche conjonction avec Saturne le 2 juillet et continue de briller à une magnitude de -4,5 à la mi-juillet, mais disparaît dans la lumière du jour avant d'être en conjonction inférieure le 18 août. Vénus réapparaît au crépuscule en septembre, atteignant une magnitude de -4,5 tard dans ce mois. Elle est en élongation occidentale le 29 octobre, avec une magnitude de -4,4, puis faiblit jusqu'à -4,0 fin décembre.

Mars commence l'année en Ophiucus et est visible à magnitude 1,5 pour un court moment dans le ciel matinal, près d'Antarès. Son éclat augmente tout au long de l'année. À partir de juin, sa visibilité matinale devient bien plus longue, mais en août il est aussi visible un instant tard le soir. En septembre, Mars est proche d'Aldébaran dans le Taureau, et est visible en octobre presque toute la nuit. Il commence à rétrograder en novembre dans les Gémeaux, et est en opposition le 25 décembre, avec une magnitude de -1,6.

Jupiter passe l'année dans le Scorpion, Ophiucus et le Sagittaire. Initialement visible dans le ciel matinal à une magnitude de -1,8, il devient visible avant minuit fin avril ; sa magnitude est alors de -2,5. Elle est de -2,6 en opposition le 6 juin, lorsqu'il rétrograde en Ophiucus. Jupiter faiblit lentement jusqu'à -1,8 de magnitude fin novembre quand il se perd près du Soleil.

Saturne passe l'année dans le Lion et est initialement visible la plus grande partie de la nuit. En opposition le 10 février à magnitude 0,0, il faiblit lentement à mesure qu'il s'éloigne de la Terre. En juin, il est uniquement visible avant minuit et se perd finalement près du Soleil fin juillet. Saturne devient à nouveau visible dans le ciel matinal de septembre ; sa durée de visibilité augmente jusqu'à la fin de l'année ; elle est alors de 0,6.

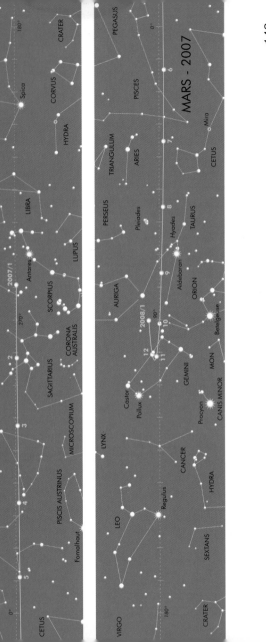

MARS - 2007

MARS - 2007

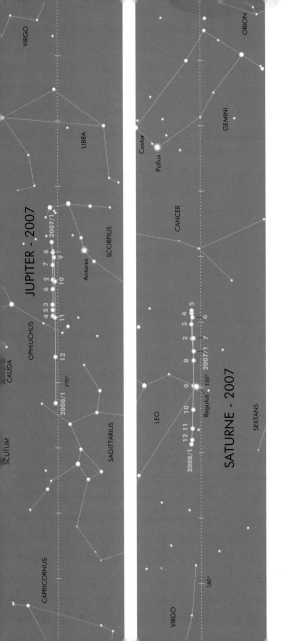

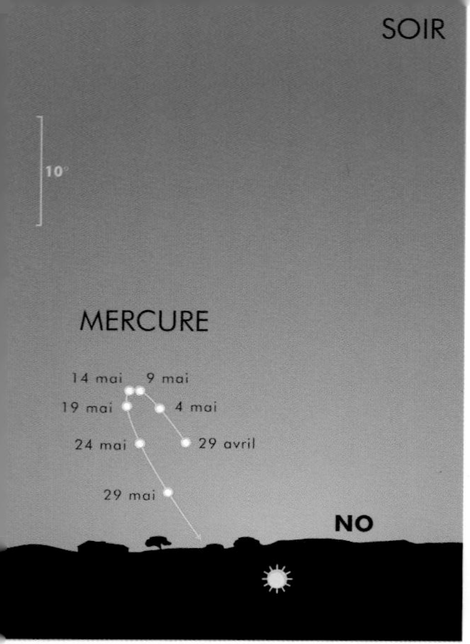

SOIR

MERCURE

14 mai · 9 mai
4 mai
19 mai · 29 avril
24 mai
29 mai

NO

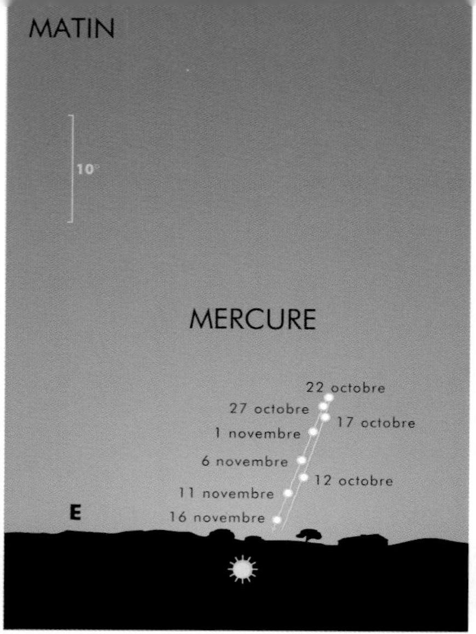

MATIN

MERCURE

22 octobre
27 octobre · 17 octobre
1 novembre
6 novembre · 12 octobre
11 novembre
16 novembre

E

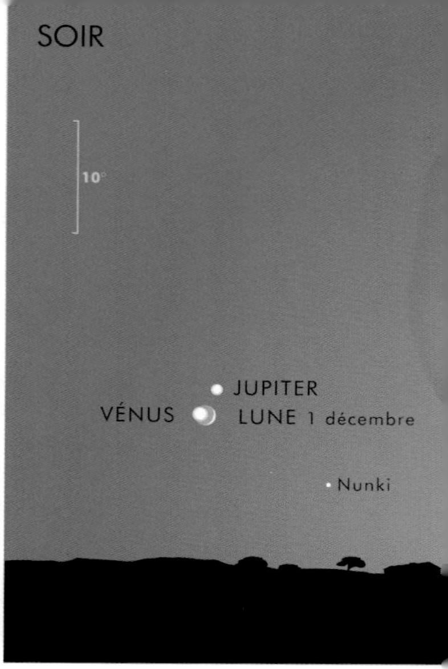

SOIR

VÉNUS
JUPITER
LUNE 1 décembre

· Nunki

10°

POSITIONS PLANÉTAIRES 2008

Mercure est en son élongation la plus grande 6 fois cette année, mais sera le plus facilement observable le 14 mai vers l'élongation orientale, à magnitude 0,7. Il est plus lumineux (magnitude 0,2) en élongation occidentale le 22 octobre.

Vénus commence l'année dans le ciel matinal avec une magnitude de -4,0. Elle faiblit lentement, disparaissant au crépuscule début mars. Elle réapparaît à l'ouest fin juillet à une magnitude de -3,3 et reste visible jusqu'à la fin de l'année, devenant de plus en plus brillante jusqu'à -3,8 (plus grande élongation occidentale le 15 janvier 2009). Le 1er décembre, elle est cachée par la Lune, avec Jupiter tout proche. Bien qu'elle soit basse et commence vers 15 h 48 TU, les observateurs européens pourront peut-être voir l'émergence de Vénus derrière la Lune vers 17 h 17 TU.

Mars (en opposition le 24 décembre 2007) commence l'année en étant visible une grande partie de la nuit, rétrogradant dans le Taureau près de la frontière avec les Gémeaux. Lumineux au début (magnitude -1,3), il faiblit au fil des mois et disparaît au crépuscule début septembre. Il est alors dans la Vierge, près de Vénus, avec une magnitude de 2,0.

Jupiter commence l'année dans le Sagittaire, trop près du Soleil pour être facilement visible. Cependant, il apparaît bientôt dans le ciel matinal à magnitude -1,4, devenant régulièrement plus brillant et visible plus longtemps jusqu'à début juin où il est visible toute la nuit. En opposition le 9 juillet, son éclat est de magnitude -2,3. Se déplaçant vers le ciel du soir, il faiblit lentement jusqu'à une magnitude de -1,5 à la fin de l'année.

Saturne passe l'année dans le Lion. Au début il rétrograde à environ 0,7 de magnitude et est visible toute la nuit. Il est en opposition le 24 février (magnitude 0,4) et reprend son mouvement direct le 5 mai. Saturne disparaît au crépuscule en août (magnitude 1,0), mais réapparaît avant l'aube à la mi-septembre et conserve son éclat jusqu'à la fin de l'année lorsqu'il s'approche de la Vierge.

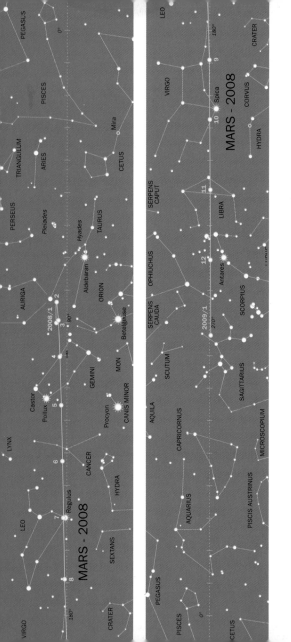

MARS - 2008

MARS - 2008

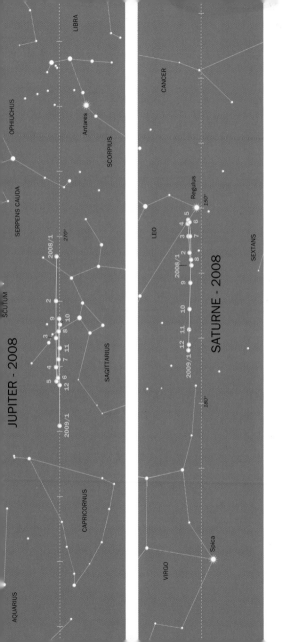

JUPITER - 2008

SATURNE - 2008

AQUARIUS

CAPRICORNUS

SAGITTARIUS

SCUTUM

SERPENS CAUDA

OPHIUCHUS

SCORPIUS

LIBRA

Antares

270°

2008/1

2009/1

5 4 3 9 2 11 10 8 7 6 12

VIRGO

Spica

SEXTANS

LEO

CANCER

Regulus

150°

180°

2008/1

2009/1

5 4 3 2 1 6 7 8 9 10 11 12

AURORES POLAIRES
(OU AURORES BORÉALES)

Le spectacle d'une aurore est inoubliable. Malheureusement elles sont peu fréquentes sous nos latitudes, mais elles sont de plus en plus courantes à mesure que l'on monte vers le Nord. En Europe, la Norvège, la Suède et la Finlande sont particulièrement privilégiées, en partie à cause de la longueur des nuits hivernales, mais les aurores sont également visibles de l'Écosse. Leur fréquence varie selon le cycle d'activité solaire, lequel est de 11 ans environ, mais une tempête aurorale importante, comme celle du 13 mars 1989, qui était visible de la plus grande partie de l'hémisphère Nord, se rencontre peut-être deux ou trois fois par siècle.

Une aurore polaire se produit quand les particules électrisées émises par le Soleil et précipitées à très grande vitesse dans la haute atmosphère sont captées par le champ magnétique terrestre, dans des régions plus ou moins centrées sur les pôles magnétiques de la Terre. Là, généralement à des hauteurs de 100 à 300 km, les particules électrisées percutent des atomes (en particulier d'oxygène et d'azote) en émettant de la lumière, laquelle produit l'aurore.

La plupart des aurores polaires présentent un **voile** de lumière indistincte, ou des **taches** plus concentrées. Une forme courante est l'**arc**, arc lumineux centré au Nord, bien net dans le bas et beaucoup plus diffus dans le haut. Des rayons verticaux se développent fréquemment, et peuvent s'étendre haut dans le ciel, en arc rayonnant ou en rayons isolés. Si l'aurore est active, l'arc peut s'agrandir et devenir une large **bande** présentant éventuellement une structure rayonnante. Parfois une bande se transforme en plis qui s'agitent comme une énorme draperie se balançant dans le vent. Il arrive qu'une aurore se produise au-dessus de votre tête, les rayons paraissant converger en un point, haut dans le ciel, phénomène appelé **couronne**. L'aspect d'une aurore très active peut changer d'un instant à l'autre de façon spectaculaire, avec des éruptions et des pics d'activité, qui se déplacent rapidement dans le ciel.

Les couleurs présentées par une aurore polaire dépendent en grande partie de la vue de chaque observateur. La couleur la plus courante est le vert, teinte normale de la partie basse d'une aurore. Le rouge apparaît souvent plus haut, parfois en rayons rouges spectaculaires, mais cette longueur d'onde particulière est parfois mal distinguée. Si l'activité est intense, certains observateurs peuvent voir des tons violet-pourpre lorsque la lumière est particulièrement forte.

Les aurores polaires sont faciles à photographier avec un appareil monté sur trépied. Avec un film de 400 ISO et une ouverture de f/1,8, un temps de pose de 15-30 secondes devrait donner de bons résultats. Si le spectacle change rapidement, le temps de pose doit être plus court pour éviter le flou. Il est conseillé d'inclure un premier plan dans l'image, ce qui permet de déterminer la direction et la taille angulaire des parties de l'aurore. La plupart des photographies d'aurores montrent des étoiles en arrière-plan, ce qui est également utile. Comme pour toutes les photographies du ciel nocturne, n'oubliez pas d'indiquer l'heure précise.

Vert et rouge sont les couleurs les plus courantes de l'aurore polaire.

NUAGES LUMINESCENTS

À l'époque du solstice d'été, quand le crépuscule dure jusqu'au matin, les courtes nuits n'offrent pas les conditions les plus favorables à l'observation des étoiles faibles et des objets célestes lointains ; encore moins dans les pays nordiques, où un arc fortement lumineux persiste au Nord, même à minuit. En compensation cependant, c'est l'époque (fin mai à mi-juillet) des nuages luminescents (nuages nocturnes lumineux) brillant dans le ciel boréal. Ces nuages blanc argenté ou bleuâtre ressemblent un peu à des cirrus ordinaires et se produisent généralement plusieurs fois pendant la saison.

Ces nuages, les plus hauts de l'atmosphère terrestre, se trouvent dans la mésosphère, à environ 82 km, plusieurs fois la hauteur habituelle des nuages ordinaires. On peut souvent voir ces derniers se détacher en sombre contre l'arc crépusculaire et les nuages luminescents beaucoup plus élevés.

Les nuages luminescents ne sont visibles que dans l'obscurité, les nuages eux-mêmes étant encore dans la lumière diurne, éclairés par le Soleil sous l'horizon, au Nord. Cette particularité implique une limite méridionale à leur visibilité, mais tout observateur au nord d'une latitude d'environ 59°, peut les voir à un moment ou à un autre de l'été. Plus vous allez vers le Nord, plus nombreuses seront les occasions d'admirer ces nuages lumineux. Cependant, leur épaisseur étant très faible, ils sont plus faciles à voir s'ils se trouvent au niveau du regard et non au zénith.

Les nuages ont généralement des formes structurées, ondulations ou vaguelettes, bien qu'ils apparaissent parfois comme un voile transparent. Leur aspect se transforme avec le temps, à cause du changement de direction de la lumière au cours de la nuit, mais aussi parce qu'ils se déplacent sous l'impulsion des vents en altitude. Cette région de l'atmosphère est peu connue et pendant longtemps, la nature des nuages eux-mêmes fut sujette à controverse. Nous savons aujourd'hui qu'ils sont formés de particules de glace, bien que les conditions précises de leur formation soient encore incertaines.

Les nuages luminescents sont faciles à photographier avec un appareil et un objectif ordinaires. Avec un film couleur de 200 ISO, un temps de pose de 20 secondes environ convient vers minuit. Plus tôt et plus tard dans la nuit, le temps de pose doit être plus court, jusqu'à 2 secondes environ à la fin du crépuscule du soir et de même qu'au début de l'aube.

Si vous prenez des photographies dans un but scientifique, laissez l'appareil sur son trépied, pointé dans une direction donnée. Le mouvement des nuages est alors très net, d'un cliché à l'autre. Si les mêmes nuages sont photographiés par un autre observateur, la hauteur des nuages et la vitesse des vents peuvent alors être déterminées par un simple calcul trigonométrique et la connaissance de la position des observateurs. Si possible, faites vos clichés à l'heure juste, puis à l'heure plus 15, 30 et 45 minutes. Là encore, cela vous permettra de comparer vos photographies avec celles prises par d'autres personnes, à la même heure exactement.

Configuration très caractéristique de nuages luminescents.

MÉTÉORES ET MÉTÉORITES

Un météore est l'apparition d'un phénomène lumineux dans le ciel, dû, par exemple, à l'arrivée de corps extraterrestres dans l'atmosphère de la Terre. Tous ceux qui ont regardé les étoiles, ont certainement vu un **météore**, c'est-à-dire une étoile filante, traversant la nuit. Bien que certains météores soient très brillants, la plupart sont dus à de minuscules particules de poussière interplanétaire. Très peu dépassent la taille d'un petit pois, mais ils entrent dans la haute atmosphère de la terre à une telle vitesse (11 à 72 km/s) qu'ils se désintègrent rapidement en donnant un météore lumineux. La plupart se produisent à des hauteurs de 70 à 100 km.

Le nom de ces objets célestes prête parfois à confusion. Dans l'espace, ce sont des **météorites**, quelle que soit leur taille. Mais on appelle météore la manifestation lumineuse du phénomène dans l'atmosphère. Les météorites deviennent donc des météores quand elles commencent à briller. Une partie de la météorite peut « survivre » et atteindre la surface de la Terre. Les plus petites (moins de 0,1 mm de diamètre et de un millionième de gramme de masse) ne se désintègrent pas. Ces **micrométéorites** descendent lentement vers la Terre et peuvent être collectées par des ballons en haute altitude ou récupérées en forant les calottes polaires ou les sédiments marins, à grande profondeur.

Un obturateur spécial crée les pointillés matérialisant la trace de cette boule de feu.

Des corps célestes beaucoup plus grands (plus de 1 kg) donnent naissance à des météorites qui peuvent peser de quelques grammes à plusieurs tonnes. Dans la plupart des cas, la météorite perd sa vitesse initiale en entrant dans l'atmosphère, pour finir par tomber presque verticalement, en créant un petit cratère à son impact. Ces météorites ont une grande importance scientifique pour les informations qu'elles apportent sur les débuts de la formation du Système solaire ou même sur les conditions existant avant sa formation (il y a 4,65 milliards d'années). Quelques météorites viennent de la Lune et de Mars, mais la plupart sont probablement des fragments de la ceinture d'astéroïdes située autour du Soleil. Les météorites les plus courantes sont causées par des particules abandonnées par les comètes sur leur trajectoire dans le Système solaire.

Les grosses météorites (1 000 tonnes ou plus) ne sont pratiquement pas freinées par l'atmosphère et percutent le sol avec leur vitesse initiale. Elles explosent alors en créant un cratère, comme le célèbre Meteor Crater en Arizona, ou les cratères sur la Lune.

La luminosité des météores se mesure en magnitude, comme celle des étoiles *(voir page 29)*. Il faut une certaine expérience pour évaluer précisément la magnitude, mais les observations faites par les amateurs ne sont pas inutiles pour déterminer la taille et le nombre des météorites entrant dans l'atmosphère à telle époque de l'année. Certaines météorites laissent derrière elles une **traînée** marquant leur trajectoire, qui permet de recueillir des informations sur les vents de la haute atmosphère.

Un météore très brillant, de magnitude -5 ou plus, plus lumineux que les planètes les plus étincelantes (Vénus ou Jupiter) est une **boule de feu**. Certains sont assez lumineux pour jeter des ombres et même dépasser la luminosité de la Pleine Lune (magnitude de -13). Ces boules de feu peuvent donner naissance à des météorites qui doivent être récupérées le plus vite possible pour ne pas perdre leur grande valeur scientifique.

La plupart des météorites se désintègrent si haut dans l'atmosphère que leur bruit est inaudible. À l'occasion cependant, on peut entendre les **bolides** (boules de feu très brillantes), surtout ceux qui donnent naissance à des météorites. Leur vitesse dépassant celle du son, il se produit généralement un « bang » supersonique, et parfois des explosions, lorsqu'ils éclatent en fragments. En divisant par trois le temps (en secondes) écoulé entre le moment où vous apercevez le bolide et celui où vous l'entendez, vous obtiendrez la distance en kilomètres.

Pluie de météorites

De nombreux météores apparaissent au hasard dans le ciel, **météorites sporadiques** qui se produisent toute l'année. Plus intéressantes, sont les météorites laissées par les comètes, qui s'étalent sur leur orbite et rencontrent la Terre à une époque particulière de l'année, pour donner naissance à une averse ou pluie de météorites.

Ces **pluies de météorites** peuvent durer plusieurs jours et leur intensité généralement peu importante au début, s'élève jusqu'à un maximum pour décroître ensuite. Le tableau ci-contre donne les détails de quelques averses importantes. Vous verrez davantage de météores quand ces averses sont actives. Certaines météorites ne se répartissent pas également autour de l'orbite de la comète, mais sont groupées et produisent des averses denses à intervalles réguliers. Les plus célèbres sont les Léonides, avec un cycle de 33 ans, comme celui de la comète Tempel-Tuttle qui les engendre. Leur rythme horaire maximum a été estimé à 140 000 en 1966, 250 000 en 1998 et il doit être beaucoup plus élevé en 1999.

Les météorites tombant en pluie suivent des trajectoires parallèles dans l'espace, mais quand elles rencontrent la Terre, à cause de la perspective, leurs traces paraissent diverger à partir d'un même point du ciel, le **radiant**. Les averses de météorites portent le nom de la constellation où se trouve le radiant. Les Léonides, qui divergent du Lion, et les Perséides (de Persée) n'en sont que deux exemples. Une seule averse, les Quadrantides porte le nom d'une ancienne constellation, Quadrans Muralis, qui n'est plus en usage. Son radiant se trouve dans le haut du Bouvier, près du Dragon.

Comment savoir si une météorite est sporadique ou appartient à une averse ? La méthode la plus simple consiste à tenir en l'air une ficelle ou un long bâtonnet, sur la trajectoire du météore. Si cette dernière, prolongée vers l'arrière, passe à 4° de la position du radiant, vous pouvez affirmer que le météore appartient à l'averse concernée. Les positions des radiants des principales averses sont marquées sur les cartes des constellations individuelles *(voir pages 168 et suivantes)*.

Pendant la durée de l'averse, vous verrez davantage de météorites si , au lieu de regarder directement le radiant, vous vous en éloignez de 45° (à environ 45° au-dessus de l'horizon).

Dates approximatives des pluies de météorites

NOM	MAXIMUM	LIMITES	ASCENSION	DÉCLI-NAISON	RYTHME HORAIRE
Quadrantides	4 janv.	1-6 janv.	15 28	+50	100
Lyrides	22 avr.	19-25 avr.	18 08	+32	10
η Aquarides	5 mai	24 avr-20 mai	22 20	-1	35
δ Aquarides	28 juil.	15 juil-20 août	22 36	-17	20
	(double radiant)		22 04	+2	10
Perséides	12 août	23 juil-20 août	3 04	+58	80
Orionides	21 oct.	16-26 oct.	6 24	+15	25
Taurides	3 nov.	20 oct-30 nov.	3 44	+14	10
Léonides	17 nov.	15-20 nov.	10 08	+22	??
Géminides	13 déc.	7-15 déc.	7 28	+32	100

SATELLITES ARTIFICIELS

Un satellite artificiel est visible lorsque l'observateur se trouve dans l'obscurité et que le satellite est illuminé par le Soleil, peu après le coucher du Soleil ou avant l'aube (ou même toute la nuit en été). Les satellites peuvent clignoter quand ils tournent et captent la lumière du Soleil, mais ils le font beaucoup moins rapidement que les lumières d'un avion.

Les données concernant les satellites les plus brillants et les stations orbitales ou MIR sont publiées dans de nombreux journaux, bien que la plupart des navettes spatiales soient invisibles en Europe. Les satellites Iridium lancent des éclairs brillants lorsque la lumière du Soleil se réfléchit sur leurs grands panneaux plats, ce qui peut gâcher une photo du ciel, à moins de la prendre au milieu de la nuit, quand les satellites se trouvent dans l'ombre de la Terre.

COMÈTES

Bien qu'un certain nombre de comètes soient visibles à tout moment, la plupart d'entre elles sont trop faibles pour être observées, à moins de disposer de grands télescopes. À l'exception de la Comète de Halley, visible en 1986 et qui ne reviendra pas avant 2061, les comètes brillantes sont imprévisibles et il est impossible de dire quand elles vont apparaître. Un objet céleste aussi splendide que la Comète Hale-Bopp, visible en 1997, apparaît une ou deux fois par siècle, et il faut attendre une ou plusieurs décennies pour voir une comète moyennement brillante comme la Comète Hyakutake, visible la dernière fois en 1996.

Peu de comètes offrent une queue spectaculaire visible à l'œil nu, comme Hale-Bopp et Hyakutake. Beaucoup ne se manifestent que par une tache de lumière floue constituant la « **tête** » de la comète, nuage (formé surtout de poussière) que la comète répand dans l'espace. Les comètes sont composées d'un mélange de poussière et de glace « sale ». Lorsqu'elles s'approchent du Soleil, une partie de la glace se volatilise sous l'action de la chaleur, laissant échapper les gaz dans l'espace, et libérant la poussière.

Le « corps » de la comète, qui reste toujours invisible, n'a que quelques kilomètres de diamètre (environ 17 km pour la comète de Halley), alors que la « tête » peut atteindre 10 000 km de diamètre (elle apparaît pourtant comme une petite tache dans le ciel !). Avec un puissant télescope, il est parfois possible de voir un point brillant comme une étoile au centre de la « tête », le **noyau**, qui n'est pas le corps cométaire mais juste la partie la plus brillante des matériaux expulsés.

La magnitude des comètes est bien difficile à prédire. Certaines, en particulier celles qui s'approchent pour la première fois du Soleil, peuvent être extrêmement actives, de grandes quantités de glace étant vaporisées, puis elles disparaissent dans l'espace. D'autres, surtout les **comètes périodiques** (dont la période est de moins de 200 ans), ne montrent qu'une faible activité, parce que leurs matériaux volatils ont disparu peu à peu. Les prévisions concernant la magnitude ne sont donc guère fiables. Dans tous les cas, les magnitudes cométaires prennent en compte la totalité de la zone lumineuse, zone dont les bords sont invisibles à l'œil nu ou avec de petits instruments.

Quand elle est près du Soleil, la comète peut développer une queue ou, assez souvent, deux queues dirigées à l'opposé du Soleil. La queue suit une comète qui s'approche du Soleil et précède celle qui s'en éloigne. Les plus visibles sont souvent larges, d'une teinte jaunâtre (qui est, en fait, le reflet du Soleil). Les **queues de comète** sont faites de poussières et peuvent s'étirer sur des millions de kilomètres. La queue de la Comète Hale-Bopp était particulièrement spectaculaire. Les particules éjectées tendent à se disperser dans le plan orbital de la comète, l'aspect de la queue dépendant en grande partie de l'angle de vue. Certaines queues forment de larges éventails, d'autres de longs « cimeterres » incurvés, et d'autres encore des lances étroites. Si la poussière est expulsée irrégulièrement, elles peuvent changer d'une nuit à l'autre.

La Comète Hyakutake offrait une brillante queue de gaz bleuté.

L'autre type de queue de comète est la **queue de gaz ionisé** (ou queue de plasma), généralement rectiligne et dirigée à l'opposé du Soleil. L'ionisation du gaz lui donne sa couleur bleue et parfois des filaments s'en dégagent qui la font paraître double ou même multiple. Cette queue de gaz était particulièrement importante chez Hale-Bopp, mais souvent invisible pour ceux qui lui jetèrent un simple coup d'œil, sans attendre que leurs yeux se soient accoutumés à l'obscurité *(page 10)*.

L'origine des comètes se situe dans une immense région sphérique, aux confins du Système solaire, appelée le Nuage d'Oort (du nom de l'astronome qui postula son existence). Leurs orbites étant orientées irrégulièrement dans l'espace, les comètes peuvent approcher le Système solaire de n'importe quelle direction. Contrairement aux planètes, elles ne sont pas confinées à la région zodiacale et leur trajectoire peut les emmener partout dans le ciel. Récemment, plusieurs comètes sont passées près de l'Étoile polaire et, en devenant circumpolaires, sont restées visibles toute la nuit.

La lumière zodiacale

La poussière expulsée des comètes ne donne pas seulement naissance aux météorites *(voir page 158)*, mais contribue également au disque de poussières interplanétaires répandues le long du plan de l'écliptique. Cette poussière diffuse la lumière du Soleil, en donnant naissance à un phénomène appelé **lumière zodiacale**. Si le ciel est très sombre et très pur à l'Ouest à l'époque de l'équinoxe de printemps, ou à l'Est vers l'équinoxe d'automne, vous aurez peut-être la chance de voir un pâle cône de lumière qui s'étire au-dessus de l'horizon.

Ce cône fait en réalité partie d'une zone elliptique de lumière diffuse, centrée sur le Soleil. Visible à d'autres moments de l'année, il est plus facile à observer vers les équinoxes. La poussière qui est à l'origine de la lumière zodiacale se trouve à l'intérieur de l'orbite de la Terre. Si le ciel est exceptionnellement sombre et dégagé pendant la nuit, vous pourrez peut-être discerner une faible tache lumineuse, en un point de l'écliptique opposé au Soleil. Il s'agit du **gegenschein**, phénomène également dû à la diffusion de la

La Comète Hale-Boop présente 2 queues brillantes : une de poussières blanche et une de plasma bleutée, dans la direction antisolaire.

lumière par des particules de poussière, mais cette fois à l'extérieur de l'orbite de la Terre.

La lumière zodiacale comme le gegenschein sont rares et bien des astronomes confirmés n'en ont jamais vu. Si les conditions sont vraiment exceptionnelles, il est possible de deviner une sorte de pont de faible lumière diffuse (la **bande zodiacale**) reliant la lumière zodiacale au gegenschein.

ÉTOILES ET OBJETS CÉLESTES LOINTAINS

Bien que visible à l'œil nu, la couleur des étoiles est plus nette avec un instrument optique. Les couleurs sont déterminées par la température : les étoiles bleu-blanc, comme Rigel, sont plus chaudes que les étoiles jaunes, comme le Soleil, elles-mêmes plus chaudes que les étoiles rouges, comme Bételgeuse *(voir page 222)*.

Les étoiles ont des tailles très variées. Elles sont divisées en naines, moyennes, géantes et supergéantes.

Le Soleil est une étoile moyenne et fait environ 1 400 000 km de diamètre. Les **géantes** sont 10 fois plus grandes, et les **supergéantes** font probablement 1 000 fois la taille du Soleil. Une liste d'étoiles géantes et supergéantes est donnée *pages 220 et 180*. (Les étoiles dites **naines blanches** sont beaucoup plus petites, quelques milliers de km de diamètre. Aucune n'est visible avec un instrument d'amateur.)

Les étoiles s'inscrivent souvent dans un système binaire, deux étoiles tournant autour d'un centre de gravité commun. Des systèmes multiples de 3, 4, 5 étoiles, ou même plus, existent également. Lorsque deux étoiles paraissent se trouver sur la même ligne alors qu'elles sont à des distances différentes, elles forment un système double optique *(voir page 204)*.

De nombreuses étoiles, dites **étoiles variables** *(page 218)*, présentent des variations d'éclat dont les raisons sont trop compliquées pour être expliquées ici. Beaucoup, comme δ Cephei *(page 194)* et Mira Ceti *(page 196)* sont des étoiles pulsantes. D'autres offrent des explosions soudaines et imprévisibles. Les très brillantes **novae** et **supernovae** peuvent changer complètement l'aspect d'une constellation ou d'une galaxie.

La distance des étoiles est souvent donnée en années-lumière. Une **année-lumière**, mesure de distance et non de temps, est la distance parcourue par la lumière (à 300 000 km/s) en une année et correspond à 9,5 millions de millions de km. L'étoile la plus proche est à 4,3 années-lumière. Par comparaison, la lumière parcourt la distance moyenne entre la Terre et le Soleil (149 595 870 km) en 8 m 19 s.

Amas d'étoiles : Les étoiles forment souvent des amas. Les amas ouverts sont des concentrations irrégulières, généralement de dix à quelques centaines d'étoiles. Toutes sont nées simultanément d'un nuage de poussière et de gaz. Les Pléiades *(page 244)* en sont un célèbre exemple et d'autres amas sont répertoriés *page 192*.

Les **amas globulaires** *(page 200)* peuvent contenir plusieurs milliers d'étoiles (parmi les plus vieilles de la Galaxie), contenues dans une région sphérique de l'espace. Seuls les plus puissants télescopes peuvent distinguer les étoiles individuelles.

Nébuleuses : Ce sont des nuages de gaz et de poussières situés dans l'espace interstellaire. Quelques nébuleuses gazeuses sont répertoriées *page 234*. Les nuages de poussières sont obscurs et absorbent la lumière des étoiles plus lointaines. La plus célèbre nébuleuse obscure est le Sac à charbon, visible seulement de l'hémisphère Sud, mais le Grand Rift de Cygnus *(page 202)* est dû au même effet.

Galaxies : Les galaxies sont des systèmes gigantesques, de milliers d'années-lumière de diamètre, qui contiennent des centaines de milliards d'étoiles. Beaucoup, comme la nôtre, M31 dans Andromède *(page 168)* et M33 dans le Triangle *(page 174)* sont aplaties, avec un disque et des bras spiralés autour d'un bulbe central.

D'autres galaxies, parmi les plus grandes de l'univers, sont sphériques ou elliptiques, sans disque aplati. La galaxie géante M87 de la Vierge *(page 200)* est de ce type. Quelques galaxies brillantes sont répertoriées *page 200*.

LÉGENDES DES CARTES DE CONSTELLATIONS

Magnitudes	–1 0 1 2 3 4 5	
Étoiles doubles		Étoiles variables
Amas ouvert		Nébuleuses diffuses
Amas globulaire		Galaxie
Nébuleuse planétaire	Voie lactée	Limite de constellation

ANDROMEDA
Andromedae • And • Andromède

J	F	M	B	M	J
J	A	S	O	N	D

QUELQUES CHIFFRES

SUD À 22:00 TU :
10 Nov.

RÉGION :
(19°) 722 degrés carrés

ÉTOILE VARIABLE :
R And

AMAS OUVERT :
NGC 752

GALAXIES :
M31, M32, M101

Bien qu'aucune des étoiles d'Andromède ne dépasse la magnitude 2, la constellation est assez facile à reconnaître. Les étoiles les plus brillantes forment une ligne droite, de α (Alpheratz ou Sirrah) à l'angle Nord-Est du Grand Carré de Pégase, à γ (Alamak), en passant par δ, β (Mirach).

Dans la mythologie, la constellation représente Andromède, fille de Céphée (page 194) et de Cassiopée (page 192), roi et reine légendaires d'Éthiopie. Quand Cassiopée, se comparant aux filles de Poséidon, tira gloire de sa beauté, le dieu furieux envoya le monstre Cetus (page 196) pour détruire le pays. Pour l'apaiser, on lui livra Andromède, enchaînée sur un rocher. Elle allait être dévorée quand Persée (page 230) tua le monstre et la délivra. Cette constellation est donc parfois appelée « La Princesse enchaînée ».

Si le ciel est clair, la tache floue de la Grande Galaxie d'Andromède (M31) est nettement visible à l'œil nu. Vous la trouverez à partir de Mirach, en prolongeant la ligne des deux étoiles les moins brillantes μ et ν. Elle est plus nette avec des jumelles, sans que les détails soient apparents. La lumière de cette galaxie spirale géante, plus grande que notre propre galaxie de la Voie lactée, met 2,3 millions d'années-lumière à nous atteindre. Deux autres galaxies sont proches : M32, parfois visible avec de grandes jumelles dans des conditions exceptionnellement bonnes, et M110, que seul un télescope permet d'apercevoir.

L'amas ouvert NGC 752, presque au sud de γ (Alamak), étant assez brillant et recouvrant une zone assez grande, il vaut mieux l'observer avec des jumelles.

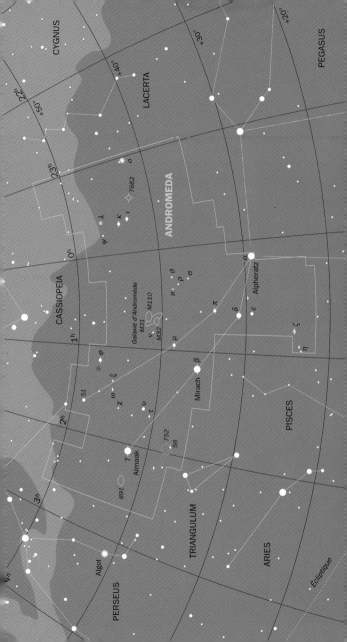

AQUARIUS

Aquarii • Aqr • Le Verseau

Cette constellation zodiacale est extrêmement ancienne et, déjà à l'époque babylonienne, on la représentait comme un porteur d'eau laissant échapper de l'eau d'une amphore (l'astérisme en forme de « Y » de γ, η, ζ, et π.). L'eau était censée couler vers le Sud-Est et la brillante étoile Fomalhaut dans le Poisson austral (Piscis Austrinus). L'association primitive avec l'eau est probablement due à la coïncidence de l'apparition de β Aquarii à l'Est, juste avant l'aube, avec le début de la saison des pluies.

Les étoiles de cette constellation peuvent paraître relativement faibles, mais α (Sadalmelek) et β (Sadalsud) sont, en fait, des supergéantes jaunes, extrêmement lumineuses. Bien que leur température de surface soit semblable à celle du Soleil, chacune est environ 120 fois plus grande par le diamètre et 30 000 fois plus lumineuse. Leur manque d'éclat n'est dû qu'à leur distance, respectivement 759 et 612 années-lumière.

Au nord de Sadalsud se trouve M2, un amas globulaire modérément brillant (magnitude de 6,5), contenant des dizaines de milliers d'étoiles. Sa distance est d'environ 40 000 années-lumière.

Deux belles averses de météorites ont leurs radiants dans le Verseau (page 170). L'averse des η Aquarides (maximum en mai), est plus dense que les deux averses réunies de δ Aquarides, dont le maximum est en juillet. Elles sont malheureusement peu visibles sous nos latitudes.

QUELQUES CHIFFRES

SUD À 22:00 TU :
10 oct.

RÉGION :
(10ᵉ) 980 degrés carrés

AMAS GLOBULAIRE :
M2

MÉTÉORITES :
η Aquarides :
24 avr.-20 mai
maximum : 5 mai
δ Aquarides :
15 juil.-20 août
maximum : 28 juil.

AQUILA

Aquilae • Aql • L'Aigle

QUELQUES CHIFFRES

SUD À 22:00 TU :
30 août

RÉGION :
(22ᵉ) 652

ÉTOILE VARIABLE :
η Aql

AMAS OUVERT :
NGC 6709
(M11 dans Scutum)

L'Aigle est une constellation très ancienne, découverte par les astronomes babyloniens. Elle fut plus tard associée au dieu romain Jupiter, lançant ses éclairs dans la bataille contre les Titans, et prenant la forme d'un aigle pour enlever Ganymède et l'emporter jusqu'au sommet du mont Olympe. Ganymède devint l'échanson des dieux et fut plus tard immortalisée dans la constellation d'Aquarius.

Altaïr, α Aquilae, est l'une des trois étoiles qui forment le Triangle de l'Été *(page 77)*. L'éclat d'Altaïr est dû à sa proximité relative, environ 17 années-lumière. En contraste, η Aquilae, à une distance de 1 173 années-lumière, est l'une des plus brillantes parmi les étoiles variables des Céphéides *(page 194)*, sa période étant de 7,18 jours. À son éclat maximum, sa magnitude est égale à celle de δ (Deneb Okab), et au minimum, de ι Aquilae.

NGC 6709 est un amas ouvert assez dense, visible contre la toile de fond de la Voie lactée, juste à l'ouest de la bande sombre qui prolonge le Grand Rift dans le Cygne *(page 202)*. Il est probablement plus facile de localiser l'amas ouvert M11 dans l'Écu de Sobieski *(page 240)*, en sautant d'une étoile à l'autre à partir de λ Aquilae.

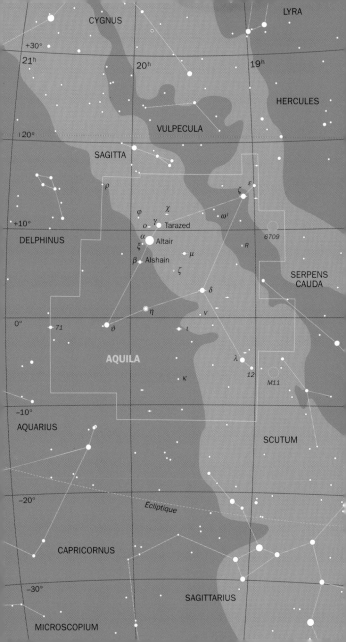

QUELQUES
CHIFFRES
[Ari]

SUD À 22:00 TU :
20 nov.

Région : (39e)
441 degrés carrés

QUELQUES
CHIFFRES
[Tri]

SUD À 22:00 TU :
20 nov.

RÉGION :
(78e) 132 degrés
carrés

GALAXIE :
M33

ARIES
Arietis • Ari • Le Bélier

TRIANGULUM
Trianguli • Tri • Le Triangle

Le Bélier est considéré comme la première constellation du zodiaque, lorsque le Soleil traversait du Sud au Nord, il y a 3 000 ans, l'équateur céleste à l'équinoxe de printemps *(page 24)*, en un point qui se trouvait à l'intérieur de la constellation. En raison de la précession *(page 25)*, ce point s'est aujourd'hui déplacé dans la constellation voisine des Poissons. Dans la mythologie, Aries est le bélier dont la toison se transforma en or, cette Toison d'or mythique que cherchaient Jason et les Argonautes.

L'autre petite constellation indiquée ici, le Triangle, extrêmement ancienne, fut reconnue par de nombreuses cultures différentes. La raison pour laquelle ces trois étoiles (toutes trois faibles) ont été considérées comme formant une constellation, alors que de nombreuses autres séries de trois étoiles auraient pu être choisies, reste un mystère.

M33 est une galaxie spirale du Groupe Local, qui comprend notre Galaxie et M31 dans Andromède. Si les conditions sont exceptionnelles, on peut l'apercevoir à l'œil nu. C'est l'objet céleste le plus lointain (2,7 millions d'années-lumière) qui soit visible sans instrument. Même avec des jumelles, elle reste difficile à voir, son diamètre étant de un degré (deux fois la taille de la Lune). Ses étoiles n'étant pas concentrées dans une petite zone, contrairement à M31, son éclat est beaucoup plus faible.

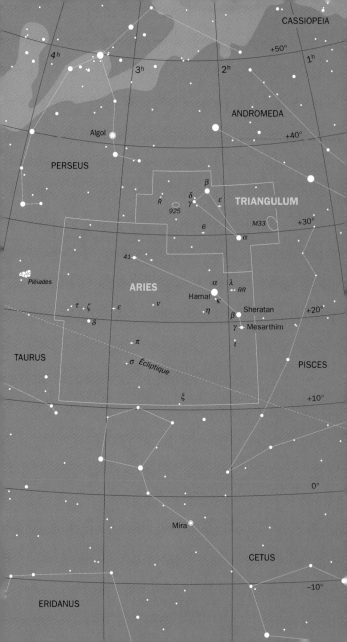

QUELQUES CHIFFRES

SUD À 22:00 TU :
10 janv.

RÉGION :
(21e) 657 degrés carrés

ÉTOILES VARIABLES :
ε, ζ

AMAS OUVERTS :
M35, M36, M37

AURIGA

Aurigae • Aur • Le Cocher

À l'origine, c'est une constellation babylonienne représentant un char ; la figure mythologique est généralement associée avec Erichthonios qui, comme son père le dieu Hephaïstos (Vulcain), était boiteux, et qui inventa le char afin de pouvoir se déplacer. Capella (La Petite Chèvre) est probablement assimilée à cet animal à cause de l'erreur de traduction d'un mot grec signifiant vent de tempête, que la constellation était censée générer. Les « Chevreaux » (ε, η, et ζ) furent ajoutés plus tard, comme suite naturelle à cette association. Capella, α Aur, est formée en fait de deux étoiles jaunes géantes, dont les orbites sont si rapprochées que même les plus grands télescopes ne peuvent les séparer.

Deux des Chevreaux sont des étoiles remarquables. ε Aurigae est une binaire à éclipse *(page 230)* avec l'une des plus longues périodes connues (plus de 27 ans), sa dernière éclipse datant de 1983-1984. Malgré de nombreuses études, la nature de l'« étoile » à éclipse reste un mystère, peut-être est-ce un disque de poussière dense entourant deux très petites étoiles naines blanches *(page 166)*. ζ Aurigae est aussi une binaire à éclipse, avec une période de 972,16 jours. Les deux étoiles sont des supergéantes *(page 166)*, mais très différentes par la taille. L'une fait environ 5 fois la taille du Soleil et l'autre 200 fois son diamètre. Si elle était à la place du Soleil, elle atteindrait presque l'orbite de la Terre.

Trois amas ouverts sont visibles avec des jumelles. Vous trouverez M36 et M38 à partir de l'étoile θ Aur, M36 étant plus petit et plus brillant que M38. M37 est plus grand, presque de la taille de la Lune.

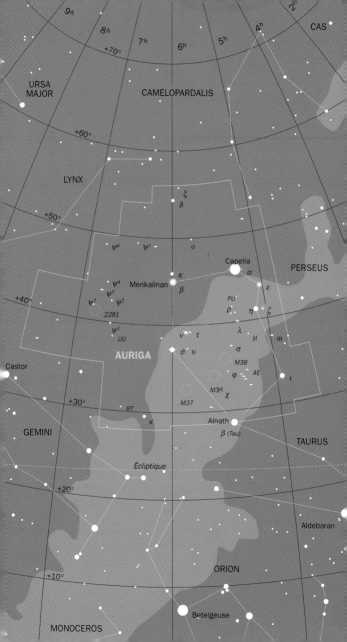

BOÖTES
Boötis • Boo • Le Bouvier

QUELQUES CHIFFRES

SUD À 22:00 TU : 30 mai

RÉGION : (13e) 907 degrés carrés

ÉTOILES DOUBLES : μ, ν

ÉTOILE VARIABLE : W

MÉTÉORITES : Quadrantides 1 à 6 janv., max. 4 janv., météores brillants, bleuâtres et blanc jaunâtre

La légende veut que Boötes, ayant inventé la charrue, fut accueilli dans le ciel. Dans une autre version, il tient en laisse Canes Venatici (les Chiens de Chasse) et poursuit les deux Ourses, Ursa Major et Ursa Minor, à travers le ciel. Le nom Arcturus, qui s'appliquait autrefois à la constellation tout entière, et pas seulement à α Boötis, signifie également « Bouvier des ourses ».

Arcturus est la plus brillante étoile de l'hémisphère Nord et la quatrième plus brillante de tout le ciel. À cause de son éclat, sa couleur orange jaunâtre est distincte et devient encore plus nette à travers des jumelles.

Le Bouvier possède beaucoup d'étoiles doubles. De simples jumelles suffisent pour s'apercevoir que μ est double et que la seconde est elle-même binaire, mais la troisième n'est visible qu'avec un grand télescope. ν Boo est une double optique blanc et orange.

W Bootis, près de ε, est une géante rouge variable, à demi-régulière mais, bien qu'elle soit toujours visible avec des jumelles, elle est assez difficile à étudier, ses variations d'éclat étant peu importantes (moins d'un de magnitude) et sa couleur posant quelques problèmes aux observateurs novices.

Le radiant des Quadrantides, l'une des averses de météorites les plus denses de l'année, se trouve dans le Bouvier, près de sa limite avec le Dragon. Cette averse porte le nom d'une ancienne constellation Quadrans Muralis, instrument astronomique qui, comme le nom de la constellation, n'est plus utilisé aujourd'hui.

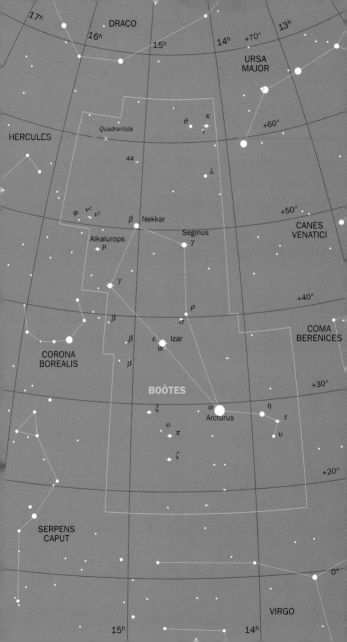

QUELQUES CHIFFRES

SUD À **22:00 TU** :
1ᵉʳ janv.

RÉGION :
(18ᵉ) 757 degrés carrés

ÉTOILE VARIABLE :
V Z

CAMELOPARDALIS
Camelopardalis • Cam • La Girafe

La Girafe est une constellation relativement moderne, proposée en 1613 par Petrus Plancius pour remplir une vaste région vide parmi les constellations circumpolaires boréales. En 1624, elle figure dans un atlas de Jakob Bartschius. Toutes ses étoiles étant faibles (β est la plus brillante, avec une magnitude de 4,0), il est assez difficile de remarquer un schéma quelconque.

α Cam est une étoile supergéante brillante bleu-blanc, si éloignée (6 940 années-lumière) qu'elle apparaît légèrement plus faible (magnitude de 4,3) que β. VZ Cam, assez proche de la limite boréale vers l'Étoile polaire, est une étoile variable irrégulière, toujours visible avec des jumelles quand ses variations de magnitude sont de 4,8 et 5,2, mais plus difficile à étudier lorsque ses variations sont moins importantes.

Étoiles supergéantes

α Aquarii	β Aquarii	η Aquilae	ζ Aurigae
α Camelopardalis	δ Cephei	α Cygni	μ Cephei
R Coronae Borealis	ζ Geminorum	α Herculis	α Orionis
β Orionis	ε Pegasi	α Scorpii	α Ursae Minoris

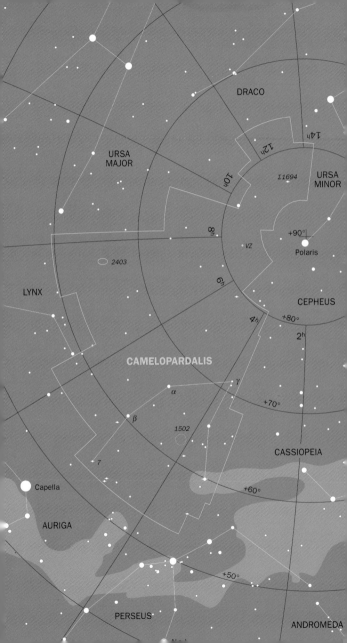

QUELQUES CHIFFRES

SUD À 22:00 TU :
5 mars

RÉGION :
(31ᵉ) 506 degrés
carrés

ÉTOILE DOUBLE :
ι

AMAS OUVERTS :
M44, M67

CANCER

Cancri • Cnc • Le Cancer
(ou Écrevisse)

Le Cancer est la constellation la moins
manifeste du zodiaque, mais lorsqu'elle fut
décrite pour la première fois, il y a 2 000 ans,
son importance était considérable, en raison
de la présence du Soleil dans la constellation
au solstice d'été. À cause de la précession
(page 25), le plus haut point de l'écliptique
s'est déplacé à travers les Gémeaux et vient
d'entrer dans le Taureau. Un lien avec le passé
existe toujours cependant, dans le nom du
Tropique du Cancer où, au solstice d'été,
le Soleil se trouve juste au zénith.

L'objet céleste le plus remarquable du
Cancer est l'amas ouvert M44 ou Praesepe
(la Mangeoire). C'est un grand amas d'environ
1,5° de diamètre, formant une tache floue
visible à l'œil nu, mais plus nette avec des
jumelles, qui révèlent aussi son étoile la plus
brillante, ε Cancri, d'une magnitude de 6,3.
Les étoiles γ et δ Cancri, au Nord et au Sud,
sont Asellus Borealis (« âne boréal ») et Asellus
Australis (« âne austral »), censés manger leur
pitance dans la mangeoire.

M67 est un autre amas ouvert, plus
concentré que M44 et de 0,5 ° de diamètre
seulement. Un téléscope est nécessaire pour
le décomposer en étoiles individuelles.

Trois des étoiles les plus brillantes sont
beaucoup plus grandes que le Soleil : β, une
géante orange *(page 166)* (en fait, la plus
brillante étoile de la constellation, avec une
magnitude de 3,5), δ (Asellus Australis) un peu
plus petite (une sous-géante) de magnitude
3,9, et ι, une géante jaune de magnitude 4,0.
Elle possède une étoile sœur de magnitude
6,6, tout juste visible avec des jumelles.

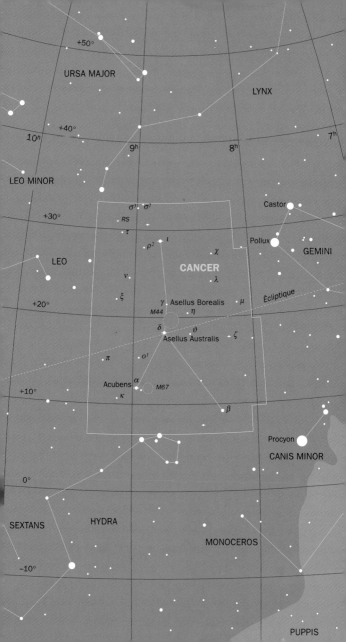

QUELQUES CHIFFRES [Cvn]

SUD À 22:00 TU :
5 mai

RÉGION :
(38ᵉ) 465 degrés carrés

ÉTOILE VARIABLE :
γ

AMAS GLOBULAIRE :
M3

QUELQUES CHIFFRES [Com]

SUD À 22:00 TU :
5 mai

RÉGION :
(42ᵉ) 386 degrés carrés

CANES VENATICI

Canum Venaticorum • CVn • Les Chiens de Chasse

COMA BERENICES

Comae Berenices • Com • La Chevelure de Bérénice

Ces deux petites constellations se trouvent sous la queue de la Grande Ourse et toutes deux sont d'origine assez récente. Les Chiens de Chasse représentent deux lévriers, tenus en laisse par le Bouvier, qui poursuivent la Petite Ourse et la Grande Ourse. La constellation fut proposée en 1687, par l'astronome polonais Jan Helweke (Hevelius). α CVn est parfois appelée Cor Caroli (« Cœur de Charles »), du nom du roi décapité, Charles Iᵉʳ d'Angleterre.

M3, à la limite du Bouvier, est un bel amas globulaire, à peine visible à l'œil nu mais bien net avec des jumelles. Il est composé de milliers d'étoiles et se trouve à une distance de 32 200 années-lumière.

La Chevelure de Bérénice est aussi une constellation « moderne », créée en 1551 par le cartographe belge Gérard Mercator, avec une partie du Lion. Elle représente la chevelure que la reine Bérénice d'Égypte sacrifia pour remercier les dieux du retour sain et sauf de son mari Ptolémée III Eurgetes, parti guerroyer contre les Assyriens. La plupart des faibles étoiles éparpillées dans la constellation appartiennent à un groupe peu dense, appelé Amas Coma. Ces deux constellations contiennent un grand nombre de galaxies lointaines, mais celles-ci sont trop éloignées pour être visibles, même avec des jumelles.

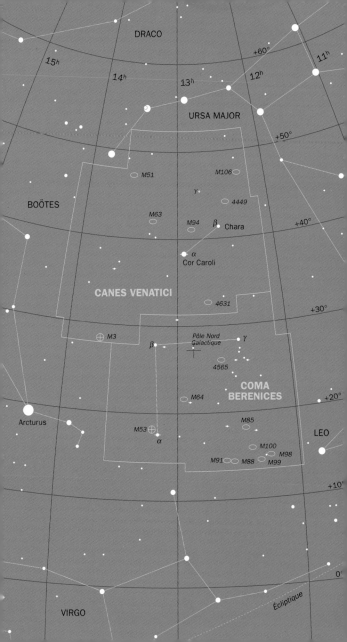

QUELQUES CHIFFRES [CMa]

SUD À 22:00 TU :
5 fév.

RÉGION :
(43e) 380 degrés carrés

AMAS OUVERTS :
M41, NGC 2362

QUELQUES CHIFFRES [Lep]

SUD À 22:00 TU :
15 janv.

RÉGION :
(51e) 290 degrés carrés

ÉTOILE VARIABLE :
R

CANIS MAJOR
Canis Majoris • CMa • Le Grand Chien

LEPUS
Leporis • Lep • Le Lièvre

Le Grand Chien est dominé par Sirius, l'étoile la plus brillante du ciel. Sirius était adoré par les Égyptiens de l'Antiquité, car sa présence à l'aube, juste avant le lever du Soleil, annonçait la crue annuelle du Nil qui recouvrait les champs de limon fertile. Ce « lever héliaque » marquait le commencement de la nouvelle année.

Sirius est accompagné par Sirius B, la première étoile naine blanche à avoir été découverte, dont le matériau est si dense que, s'il existait sur la Terre, une cuillerée à café pèserait cinq tonnes. Elle n'est malheureusement visible qu'avec de grands télescopes d'amateurs.

À 4° sud de Sirius se trouve M41, un bel amas ouvert, assez compact, de 50 étoiles, dans une région de la taille de la Pleine Lune. Plus loin au Sud, un autre amas ouvert, NGC 2362, paraît entourer l'étoile bleu-blanc τ Canis Majoris. En fait, τ est une étoile en premier plan, à une distance de 3 200 années-lumière, alors que NGC 2362 est éloigné de 5 000 années-lumière.

La petite constellation de Lepus représentait autrefois le siège d'Orion, mais Orion étant un chasseur, il sembla plus approprié d'y voir un lièvre, couché à ses pieds. Son étoile la plus notable est la variable, R Leporis, visible à l'œil nu à son maximum. Appelée également Étoile cramoisie de Hind (du nom de l'astronome britannique qui la découvrit), c'est l'une des étoiles les plus rouges du ciel. Sa couleur est plus nette avec des jumelles.

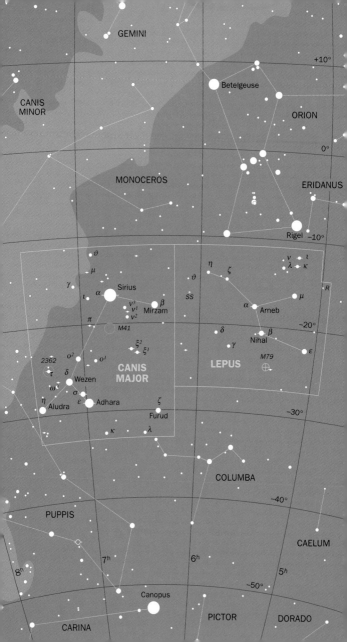

GEMINI

CANIS
MINOR

+10°

Betelgeuse

ORION

0°

MONOCEROS

ERIDANUS

Rigel

−10°

ϑ

μ

η   ζ

ν   ι
λ   κ

γ

μ

ϑ

.R

α
Sirius

SS

α
Arneb

μ

ι

ν¹
ν²
ν²

β
Mirzam

π

M41

δ

β
Nihal

−20°

γ

ε

ξ²
ξ¹

2362

o²

o¹

CANIS
MAJOR

LEPUS

M79

τ

δ

ω

η
Aludra

Wezen

σ

LEPUS

Adhara

ζ

Furud

κ   λ

−30°

COLUMBA

−40°

PUPPIS

CAELUM

8ʰ   7ʰ

6ʰ

5ʰ

−50°

Canopus

PICTOR

DORADO

CARINA

QUELQUES CHIFFRES [CMi]

Sud à 22:00 TU :
15 fév.

Région :
(71ᵉ) 183 degrés carrés

QUELQUES CHIFFRES [Mon]

Sud à 22:00 TU :
5 fév.

Région :
(35ᵉ) 482 degrés carrés

Étoile double :
δ

Amas ouverts :
M50, NGC 2232, NGC 2264, NGC 2301

CANIS MINOR
Canis Minoris • CMi • Le Petit Chien

MONOCEROS
Monocerotis • Mon • La Licorne

Le Petit Chien est une toute petite constellation qui possède seulement deux étoiles modérément brillantes, α Procyon, qui se lève juste avant Sirius (son nom signifie « avant le chien »), et Gomeisa. Par une étrange coïncidence, Procyon, comme Sirius, est accompagné par une étoile blanche naine, visible seulement avec des instruments professionnels.

La Licorne est une constellation faible qui (comme la Girafe) fut découverte, en 1613, par Petrus Plancius. Elle se trouve à l'intérieur du Triangle de l'Hiver, formé par les trois étoiles Bételgeuse, Procyon et Sirius, sur la toile de fond de la Voie lactée. Elle contient de nombreux amas et diverses nébuleuses, bien que ces dernières soient trop faibles pour être aisément visibles.

δ Mon (magnitude de 4,2) forme une large double avec 21 Mon (magnitude de 5,5). M50 est un amas ouvert qui contient environ 80 étoiles, à 2 900 années-lumière. NGC 2232 est plus petit, avec environ 20 étoiles, autour de l'étoile bleu-blanc 10 Mon (magnitude de 5,1). NGC 2264 présente 40 étoiles, dont la variable brillante S Mon (magnitude de 4,7), de faible amplitude. Enfin, NGC 2301 est encore un amas ouvert de 80 étoiles. Tous sont visibles avec des jumelles.

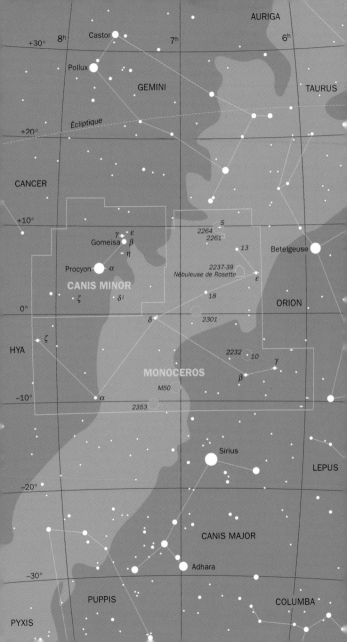

CAPRICORNUS
Capricorni • Cap • Le Capricorne

QUELQUES CHIFFRES

SUD À 22:00
1er sept.

RÉGION :
(40e) 414 degrés carrés

ÉTOILE DOUBLE :
α

Le Capricorne est une ancienne constellation qui fut toujours associée à la Chèvre. Elle est communément décrite comme une chèvre à queue de poisson, l'image venant probablement du dieu Pan légendaire, qui sauta dans le Nil pour fuir le monstre Typhon, la partie de son corps qui était sous l'eau devenant poisson, et la partie au-dessus de l'eau restant chèvre.

Tout comme le Cancer *(page 182)* est associé au solstice d'été, le Soleil se trouvait autrefois au solstice d'hiver dans le Capricorne. (Il est maintenant dans le Sagittaire.) Le lien avec le passé reste marqué avec le Tropique du Capricorne, la latitude Sud à laquelle le Soleil est au zénith, au solstice d'hiver boréal.

Si le ciel est clair, il est possible de se rendre compte à l'œil nu que α Capricorni est double, les étoiles étant souvent indiquées α^1 (Prima Giedi) et α^2 (Secunda Giedi) sur les cartes. Bien que ces étoiles paraissent être rapprochées sur une même ligne, alors qu'elles sont éloignées respectivement de 690 et 110 années-lumière, toutes deux sont en fait chacune de vraies étoiles binaires.

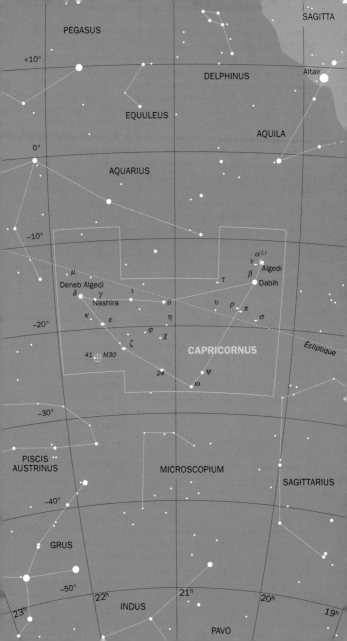

QUELQUES CHIFFRES

SUD À 22:00 TU :
5 nov.

RÉGION :
(25ᵉ) 598 degrés carrés

ÉTOILE VARIABLE :
γ

AMAS OUVERTS :
M52, NGC 663

CASSIOPEIA
Cassiopeiae • Ca • Cassiopée

Cassiopée, la Reine légendaire d'Éthiopie, était l'épouse du roi Céphée et la mère d'Andromède *(page168)*. La légende la décrit assise sur son trône auquel, dit-on, elle fut enchaînée pour avoir osé comparer sa beauté à celle des Néréides, et condamnée à tourner pour l'éternité autour du pôle, la tête en bas.

γ Cas est une étoile variable inhabituelle, dont l'éclat fluctue de manière irrégulière. Elle est normalement de magnitude 2,5, mais peut varier de magnitude 1,6 à 3,0. Elle tourne si rapidement qu'elle projette dans l'espace des matériaux arrachés à ses régions équatoriales. L'étoile brille davantage quand elle éjecte une grande quantité de gaz.

Cassiopée se trouve dans la Voie lactée et contient donc de nombreux amas ouverts. Essayez de balayer toute la région avec des jumelles. Le plus brillant est M52, qui contient environ 100 étoiles, mais vu à travers des jumelles il n'est pas très spectaculaire. NGC 663 est assez dense, mais ses étoiles sont très faibles.

Quelques amas ouverts intéressants

M36 (Cocher)	M37 (Cocher)	M44 (Cancer)
M41 (Grand Chien)	M35 (Gémeaux)	M48 (Hydra)
η et χ Persei	M24 (Sagittaire)	M6 (Scorpion)
M7 (Scorpion)	M11 (Écu de Sobieski)	M45 (Taureau)

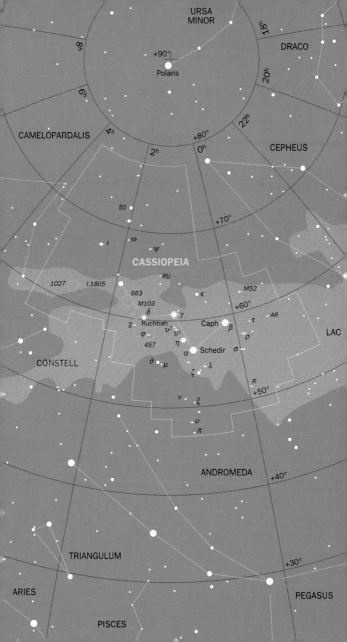

J	F	M	A	M	J
J	A	S	O	N	D

QUELQUES CHIFFRES

SUD À 22:00 TU :
20 sept.

RÉGION :
(27e) 588 degrés carrés

ÉTOILE DOUBLE :
δ

ÉTOILES VARIABLES :
δ, μ

AMAS OUVERTS :
NGC 7160, IC 1396

CEPHEUS
Cephei • Cep • Céphée

Cette constellation assez faible représente Céphée, roi légendaire d'Éthiopie, époux de Cassiopée *(page 192)* et père d'Andromède *(page 168)*.

Deux étoiles sont particulièrement intéressantes. δ Cephei est le prototype d'une importante classe de variables, les Céphéides variables. L'éclat de ces étoiles fluctue de façon très régulière. Les périodes (généralement quelques jours) correspondent à la luminosité réelle (et non apparente) des étoiles. En mesurant la période d'une Céphéide, il est possible de déterminer sa luminosité vraie et, avec son éclat apparent, de calculer sa distance. Les étoiles Céphéides sont donc des « bougies standard » pour déterminer les distances dans l'espace.

La période de δ Cep est de 5,366341 jours et elle varie entre l'éclat de ζ Cep (magnitude de 3,5) et ε Cep (magnitude de 4,4). La température de sa surface est semblable à celle du Soleil (environ 6 000 °C), mais c'est une supergéante jaune, à une distance de 982 années-lumière.

La seconde étoile intéressante est μ Cep. À cause de sa couleur spectaculaire (particulièrement visible avec des jumelles), William Herschel l'appela l'Étoile Grenat. C'est la plus grande étoile connue, 2 400 fois le diamètre du Soleil. Si elle se trouvait dans le système solaire, elle engloutirait toutes les planètes jusqu'à (et y compris) Saturne. C'est une variable semi-régulière qui change entre des magnitudes de 3,4 et 5,1, avec des périodes de 730 et 4 400 jours environ, entrecoupées de périodes de faible activité.

CETUS

Ceti • Cet • La Baleine

Cetus est le monstre légendaire qui ravagea la côte d'Éthiopie et s'apprêtait à attaquer Andromède (page 168), lorsqu'il fut changé en pierre par Persée (page 230) qui lui présenta la tête de Méduse. Menkar, α Cet, est une double optique, formée d'une géante rouge (magnitude 2,5) et d'une étoile blanc bleuâtre (magnitude 5,6).

Le plus important objet céleste de cette constellation est probablement la célèbre étoile O Ceti (Mira, la « Merveilleuse »), la première étoile variable à être identifiée. Découverte en 1596 par l'astronome Fabricius, ce ne fut qu'en 1638 que Holwarda s'aperçut que son éclat changeait régulièrement, sur une période de 330 jours environ. Elle est considérée aujourd'hui comme le prototype de la classe des étoiles rouges géantes variables à longue période, qui s'enflent et se contractent d'une manière plus ou moins régulière, et dont près de 4 000 ont été répertoriées.

Mira varie d'une magnitude de 3,4 à son maximum (elle est alors aisément visible à l'œil nu), à environ 9,5 à son minimum (elle devient invisible avec la plupart des jumelles). Il lui arrive de dépasser ces chiffres et d'être encore plus brillante ou plus faible.

QUELQUES CHIFFRES

SUD À 22:00 TU :
20 nov.

RÉGION :
(4ᵉ) 1231 degrés carrés

ÉTOILE DOUBLE :
α

ÉTOILE VARIABLE :
O

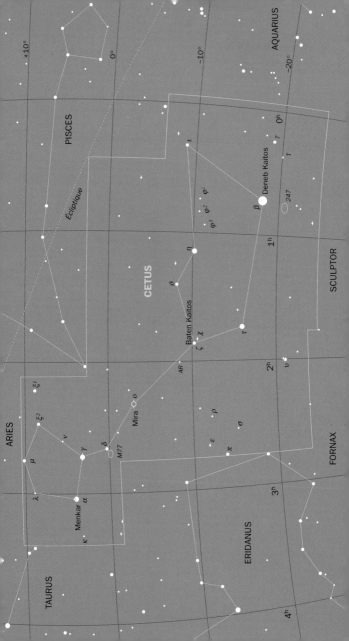

QUELQUES CHIFFRES

SUD À 22:00 TU :
15 juin

RÉGION :
(73ᵉ) 179 degrés carrés

ÉTOILE DOUBLE :
ν

ÉTOILE VARIABLE :
R

CORONA BOREALIS
Coronae Borealis • CrB •
La Couronne Boréale

Cette constellation en demi-cercle, petite mais bien visible, est facile à identifier, à l'est du Bouvier. Elle représente la couronne légendaire d'Ariane qui, après avoir été abandonnée par Thésée, devint la femme du dieu Dionysos (Bacchus). Zeus lui accorda l'immortalité et plaça sa couronne de mariée parmi les étoiles.

Sur l'arc de sept étoiles, six sont de magnitude 4 et la septième, α CrB, Gemma ou Alphecca, est plus brillante, de magnitude 2,2. Éloignée du corps principal de la constellation, ν forme une large double, avec deux étoiles géantes orange.

L'étoile la plus remarquable est R CrB, prototype d'une petite classe très inhabituelle d'étoiles variables supergéantes. Normalement de magnitude 5,9, elle baisse de façon totalement imprévisible, à des magnitudes plus faibles, pendant quelques jours ou quelques semaines. L'importance de l'affaiblissement est très variable, mais peut atteindre une magnitude de 14-15.

Ces affaiblissements surviennent quand un nuage de particules de carbone se condense dans l'atmosphère extérieure de l'étoile en cachant la plus grande partie de son éclat. Le nuage se disperse peu à peu, mais il se passe parfois des mois et même plus d'un an avant que l'étoile ne regagne son éclat normal. On ne connaît qu'une vingtaine d'étoiles de ce type environ. Le début de cet événement étant toujours d'un grand intérêt pour les astronomes professionnels, l'étoile est régulièrement surveillée par les amateurs utilisant des jumelles.

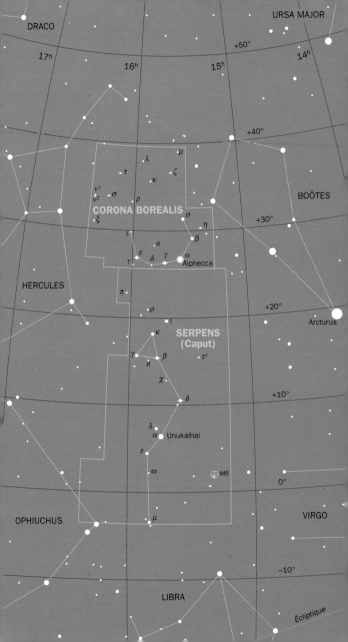

QUELQUES CHIFFRES [Cor]

SUD À 22:00 TU :
25 avr.

RÉGION :
(70ᵉ) 184 degrés carrés

QUELQUES CHIFFRES [Crt]

SUD À 22:00 TU :
10 avr.

RÉGION :
(53ᵉ) 282 degrés carrés

CORVUS
Corvi • Crv • Le Corbeau

CRATER
Crateris • Crt • La Coupe

Les deux petites constellations du Corbeau et de la Coupe se trouvent entre la Vierge et Hydra. Toutes deux sont faibles (particulièrement la Coupe) et ne contiennent aucun objet céleste intéressant, visible à l'œil nu ou avec des jumelles.

Quelques amas globulaires brillants

M2 (Verseau)	M3 (Chiens de Chasse)	M13 (Hercule)
M92 (Hercule)	M9 (Serpentaire)	M15 (Pégase)
M5 (Serpent)	M22 (Sagittaire)	M4 (Scorpion)

Quelques galaxies brillantes

M31 (Andromède)	M65 (Lion)	M66 (Lion)
M33 (Triangle)	M81 (Grande Ourse)	M49 (Lion)
M84 (Vierge)	M86 (Vierge)	M87 (Vierge)

CYGNUS

Cygni • Cyg • Le Cygne

LACERTA

Lacertae • Lac • Le Lézard

Le Cygne, l'une des plus belles constellations, se trouve dans une portion spectaculaire de la Voie lactée. Elle contient de nombreux amas ouverts dont l'un des plus brillants est M39, au nord de ρ Cygni. La Nébuleuse gazeuse d'Amérique du Nord (NGC 7000), près de Deneb, est tout juste visible à l'œil nu. Il est intéressant de balayer toute la constellation avec de simples jumelles.

Deneb, α Cygni, est une remarquable supergéante bleu-blanc, brillante, environ 160 000 fois plus lumineuse que le Soleil. Elle se trouve à presque 3 230 années-lumière, beaucoup plus loin que les deux autres étoiles du Triangle de l'été, Véga et Altaïr, à respectivement 25 et 17 années-lumière.

Si le ciel est clair, vous devriez distinguer le Grand Rift, bande noire au centre de la Voie lactée, causée par les nuages de poussière obscurcissant les étoiles les plus lointaines.

o¹ Cyg est une belle double orange et bleuâtre. Vous distinguerez peut-être une autre faible étoile bleue, près de l'étoile orange.

χ Cygni est une variable d'extrême amplitude, de 10 de magnitude environ (sa luminosité changeant de 10 000 fois). Sa période est de 408 jours. À son maximum, elle est aisément visible à l'œil nu, avec une magnitude de 13 ou 14. À son minimum, elle s'affaiblit avec une magnitude de 4 à 5.

Le Lézard est une petite constellation formée d'un zigzag d'étoiles entre le Cygne et Cassiopée. Proposée à l'origine par Hévélius, le célèbre astronome de Dantzig, elle ne contient aucun objet assez brillant pour être visible à l'œil nu ou avec des jumelles.

J	F	M	A	M	J
J	A	S	O	N	D

QUELQUES CHIFFRES

SUD À 22:00 TU : 25 août

RÉGION : (16e) 804 degrés carrés

ÉTOILE DOUBLE : o¹

ÉTOILE VARIABLE : χ

AMAS OUVERT : M39

NÉBULEUSE : NGC 7000

QUELQUES CHIFFRES [Lac]

SUD À 22:00 TU : 25 sept.

RÉGION : (68e) 201 degrés carrés

DELPHINUS

Delphini • Del • Le Dauphin

EQUULEUS

Equulei • Equ • Le Petit Cheval

QUELQUES CHIFFRES [Del]

SUD À 22:00 TU :
1er sept.

RÉGION :
(69e) 189 degrés carrés

QUELQUES CHIFFRES [Equ]

SUD À 22:00 TU :
10 sept.

RÉGION :
(87e) 72 degrés carrés

ÉTOILE DOUBLE :
γ

Le Dauphin est une constellation petite mais très nette. Elle représente le dauphin qui sauva de la noyade Arion, le poète et musicien légendaire.

Le Petit Cheval, deuxième plus petite constellation (après Crux, la Croix du Sud), ne contient aucun élément intéressant, bien que γ Equ, étoile jaune de magnitude 4,7, soit une double optique avec 6 Equ, étoile blanche de magnitude. 6,1.

Étoiles doubles

μ Boötis	ν Boötis	ι Cancri	δ Monocerotis
α Capricorni	ν Coronae Borealis	β Cygni	o¹ Cygni
γ Equulei	ν Draconis	ν Geminorum	ζ Geminorum
α Leonis	γ Leonis	ζ Leonis	ι Librae
δ Lyrae	ε Lyrae	ρ Ophiuchi	δ Orionis
σ Orionis	ε Pegasi	π Pegasi	κ Piscium
ρ Piscium	ω Scorpii	κ Tauri	θ Tauri
σ Tauri	ζ Ursae Majoris	γ Ursae Minoris	α Vulpeculae

J	F	M	A	M	J
J	A	S	O	N	D

QUELQUES CHIFFRES

CIRCUMPOLAIRE

RÉGION :
(8ᵉ) 1083 degrés carrés

ÉTOILES DOUBLES :
V, 16/17, 39

DRACO
Draconis • Dra • Le Dragon

Le Dragon est une ancienne constellation, bien que relativement discrète, aucune de ses étoiles ne dépassant la magnitude 2. Il y a 5 000 ans, à l'époque où les Égyptiens bâtissaient les Pyramides, α Dra, Thuban, était l'étoile polaire. Depuis, en raison de la précession *(voir page 25)*, elle a perdu cet honneur. Le quadrilatère formant la « tête » emplit juste le champ de vision de la plupart des jumelles 7x.

Les jumelles permettent d'identifier ν comme une belle étoile double, formée de deux étoiles blanches de magnitude 4,9. Flamsteed 16 et 17 sont deux étoiles blanc bleuâtre de magnitude 5,1 et 5,5, qui forment une grande double, de même que Flamsteed 39, avec des étoiles jaune et bleu de magnitude 5,0 et 7,4.

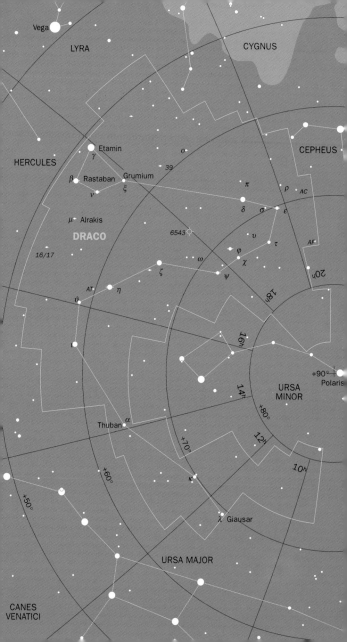

QUELQUES CHIFFRES

SUD À 22:00 TU :
20 déc.

RÉGION :
(6ᵉ) 1138 degrés carrés

ERIDANUS
Eridani • Eri • Le Fleuve Éridan

Le Fleuve Éridan est une grande constellation, mais peu d'observateurs la reconnaissent en raison du manque d'éclat de ses étoiles. Elle commence à γ, juste à côté de Rigel dans Orion, forme une large courbe vers l'ouest, puis se dirige vers le sud-ouest pour finir loin au sud, à la brillante α Eri, Achernar (mot arabe pour « fin du fleuve »), visible seulement au sud de 30° Nord. Autrefois, θ Eri (magnitude 2,9) était considérée comme la fin du fleuve et appelée Achernar. Quand la constellation fut prolongée, θ Eri fut rebaptisée Acamar.

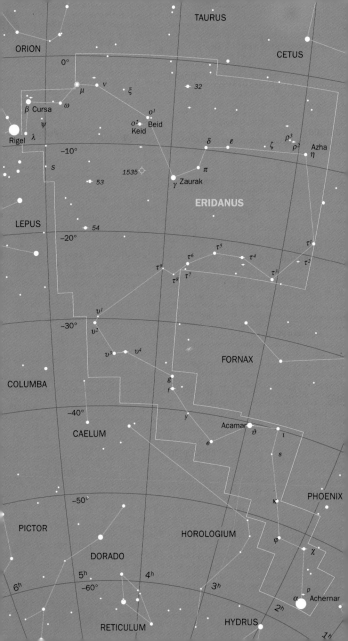

QUELQUES CHIFFRES

Sud à 22:00 TU :
5 fév.

Région :
(30ᵉ) 514 degrés carrés

Étoiles doubles :
ζ, ν

Étoiles variables :
ζ, ν

Amas ouvert :
M35

Météorites :
Géminides

GEMINI
Geminorum • Gem • Les Gémeaux

Par une étrange coïncidence, de nombreuses étoiles parmi les plus brillantes de cette constellation des Gémeaux, sont doubles ou multiples. Peu, malheureusement, sont visibles avec des jumelles. Castor, α Gem, est une étoile multiple composée de six étoiles, en trois paires, dont les orbites se recoupent en un système complexe.

ν Gem est une grande étoile double, composée d'une étoile géante blanc bleuâtre de magnitude 4,1 et d'un compagnon de magnitude 8,7.

ζ Gem est une double, composée d'une supergéante jaune et d'une autre étoile de magnitude 7,6. La supergéante est une Céphéide variable *(page 194)* qui varie entre 3,7 et 4,2, sur une période de 10,2 jours. Ce faible écart est à la limite de visibilité à l'œil nu, sauf pour des observateurs expérimentés.

η Gem est une étoile géante rouge qui varie de façon semi-régulière, entre 3,2 et 3,9, sur une période de 233 jours. Elle possède un compagnon proche, mais qui n'est visible qu'avec un télescope de taille moyenne.

M35 est un bel amas ouvert qui recouvre à peu près la même surface que la Lune. Visible à l'œil nu ou avec des jumelles, il contient environ 200 étoiles et se trouve à une distance de 2 800 années-lumière.

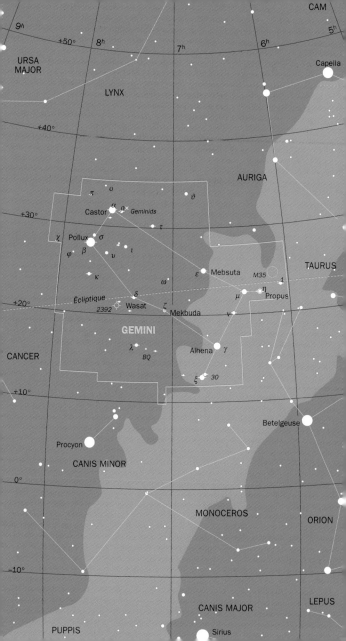

HERCULES
Herculis • Her • Hercule

QUELQUES CHIFFRES

SUD À 22:00 TU :
5 juil.

RÉGION :
(5ᵉ) 1225 degrés carrés

AMAS GLOBULAIRES :
M13, M92

Hercule est une constellation étendue, représentant le héros de la mythologie, agenouillé, le pied reposant sur la tête du Dragon. Il y a 10 000 ans, il apparaissait dans le bon sens mais aujourd'hui, en raison de la précession *(page 25)*, il se trouve plus ou moins la tête en bas. L'étoile représentant la tête, α Her, Ras Algethi (mot arabe signifiant « tête de celui qui s'agenouille ») est à la limite Sud. Étoile rouge entre géante et supergéante, elle fait probablement 500 fois la taille du Soleil. Son éclat varie d'environ 1 degré de magnitude mais, comme pour la plupart des étoiles rouges, il est difficile à estimer pour un observateur novice.

Hercule contient deux amas globulaires importants. M13 est le plus brillant du ciel boréal, visible à l'œil nu, dans de bonnes conditions. Il contient environ 200 000 étoiles et se trouve à une distance de 23 300 années-lumière. M92 est un peu plus éloigné (25 400 années-lumière) et plus faible, mais étant particulièrement dense en son centre, il est facile à distinguer avec des jumelles.

HYDRA

Hydra • Hya • L'Hydre

J	F	M	A	M	J
J	A	S	O	N	D

QUELQUES CHIFFRES

SUD À 22:00 TU :
5 avr. (tête)

RÉGION :
(11ᵉ) 1303 degrés carrés

ÉTOILE VARIABLE :
R

AMAS OUVERT :
M48

GALAXIE :
M83

L'Hydre est la plus grande constellation du ciel mais, la plupart de ses étoiles étant faibles, elle n'est pas particulièrement distincte. À l'exception de α Hya, Alphard (mot arabe signifiant « la solitaire »), une géante orange de magnitude 2,0, l'élément le plus intéressant est la « tête » de l'Hydre, un bel astérisme composé de six étoiles.

À la limite occidentale avec la Licorne, se trouve M48, tout juste visible à l'œil nu, mais apparaissant dans les jumelles sous forme d'un grand amas plus ou moins triangulaire, de 80 étoiles environ.

R Hya, géante rouge très semblable à Mira (*page 196*), fut la quatrième étoile variable identifiée (en 1704). Malgré sa distance (2 013 années-lumière), elle peut atteindre une magnitude de 3,5 au maximum. Sa magnitude minimum est environ de 10,9 et sa période de 389 jours.

U Hya est une géante rouge variable très froide qui fluctue irrégulièrement entre les magnitudes 4,3 et 6,6. Elle est donc toujours visible avec des jumelles, mais sa couleur rouge sombre la rend difficile à estimer.

QUELQUES CHIFFRES [LEO]

SUD À 22:00 TU :
1er avr.

RÉGION :
(12e) 947 degrés carrés

ÉTOILES DOUBLES :
α, γ, ζ

ÉTOILE VARIABLE :
R

GALAXIES :
M65, M66

MÉTÉORITES :
Léonides

QUELQUES CHIFFRES [LMi]

SUD À 22:00
1er avr.

RÉGION :
(64e) 232 degrés carrés

LEO
Leonis • Leo • Le Lion

LEO MINOR
Leonis Minoris • LMi • Le Petit Lion

Le Lion, ancienne constellation créée par les Sumériens et les Babyloniens, et sans doute associée au Soleil qui, à cette époque, se trouvait dans la constellation au solstice d'été, fut assimilée par les Grecs au Lion de Némée mythique, étranglé par Hercule.

Regulus, α Leo (« Petit Lion ») de magnitude 1,4, forme un grand double avec une étoile de magnitude 7,7. γ Leo (Algieba, « le Front ») est accompagnée par une étoile jaune, 40 Leonis, de magnitude 4,8. Algieba elle-même est une belle binaire. ζ Leo est un système triple : une géante blanche, de magnitude 3,4, une étoile blanc jaunâtre, de magnitude 5,0, et une étoile jaune de magnitude 6,0.

R Leonis est une variable bien connue, proche de Regulus. Semblable à Mira *(page 196)*, elle varie entre des magnitudes de 5,9 et de 11, avec une période de 310 jours.

Les galaxies spirales M65 et M66 sont tout juste visibles avec des jumelles, simples taches floues dans le ciel.

Les spectaculaires averses de météorites Léonides se répètent tous les 33 ans, la plus intéressante, en 1966, ayant culminé, pendant une courte période, à 140 000 à l'heure. Le spectacle ne fut visible que d'une petite partie de l'Amérique du Nord. Il est impossible de prévoir si un semblable événement se produira en 1999.

Le Petit Lion est une toute petite constellation définie par Hevelius en 1687, qui fut ensuite dédaignée par les astronomes qui la trouvaient peu intéressante. Sa plus brillante étoile n'a même obtenu qu'un « β » au lieu d'un « α ».

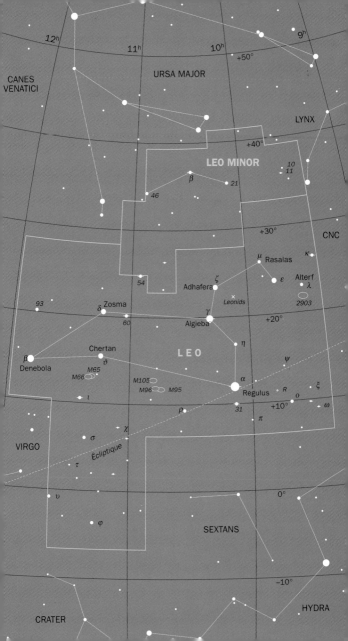

LIBRA

Librae • Lib • La Balance

QUELQUES CHIFFRES

SUD À 22:00 TU :
10 juin

RÉGION :
(29e) 538 degrés carrés

ÉTOILE DOUBLE :
α

ÉTOILE VARIABLE :
δ

Cette constellation faisait autrefois partie du Scorpion à l'Est, mais en fut séparée par les Romains pour former une constellation zodiacale à part entière. L'association avec le Scorpion persiste dans les noms arabes de ses étoiles les plus brillantes. α Lib (Zubenelgenubi, « Pince du Sud ») est une grande double composée de α^1, étoile jaune pâle de magnitude 5,2 et α^2 plus brillante, étoile blanche de magnitude 2,8. β Lib (Zubeneschamali, « Pince du Nord ») est l'une des rares étoiles à présenter une teinte verte. γ Lib porte le nom de Zubenelakrab, « Pince du scorpion ».

ι Lib (magnitude 4,5) forme une double optique avec l'étoile proche 25 Lib (magnitude 6,1), qui est en fait plus proche de nous de plus de 100 années-lumière. δ Lib est une Céphéide variable *(page 194)* allant de 4,9 à 5,9 de magnitude ; avec une période de 2,3 jours.

Quelques étoiles variables brillantes

η Aquilae	ε Aurigae	ζ Aurigae	W Boötis
γ Cassiopeiae	δ Cephei	μ Cephei	o Ceti
R Coronae Borealis	χ Cygni	ζ Geminorum	α Herculis
R Leporis	δ Librae	β Lyrae	α Orionis
β Persei	λ Tauri		

BOÖTES

+10°

SERPENS CAPUT

0°

16

VIRGO

Zubeneschamali

δ

β

ε

−10°

ξ²

48

μ

γ

α²˒¹

ν

OPHIUCHUS

η

ζ

Zubenelgenubi

ϑ

κ

λ

ι

−20°

5897 ⊕

LIBRA

Écliptique

σ

HYDRA

Antares

υ

−30°

τ

LUPUS

SCORPIUS

−40°

17ʰ

16ʰ

15ʰ

14ʰ

−50°

NORMA

CENTAURUS

ARA

J	F	M	A	M	J
J	A	S	O	N	D

QUELQUES CHIFFRES

SUD À 22:00 TU :
20 fév.

RÉGION :
(28ᵉ) 545 degrés carrés

LYNX

Lyncis • Lyn • Le Lynx

Constellation extrêmement faible, inventée en 1687 par Hevelius. Ce dernier prétendait qu'il fallait avoir un œil de lynx pour la voir (lui-même était célèbre pour son acuité visuelle). L'étoile la plus brillante, α Lyn (magnitude 3,1) est une géante rouge, distante de 222 années-lumière. Les astronomes ont récemment découvert qu'elle était légèrement variable.

Étoiles géantes

α Aurigae	W Boötis	β Cancri	ι Cancri
α Ceti	o Ceti	ν Coronae Borealis	η Geminorum
ν Geminorum	α Hydrae	R Hydrae	U Hydrae
ζ Leonis	α Lyncis	δ² Lyrae	π Pegasi
94 Piscium	α Tauri	γ Ursae Minoris	α Vulpeculae

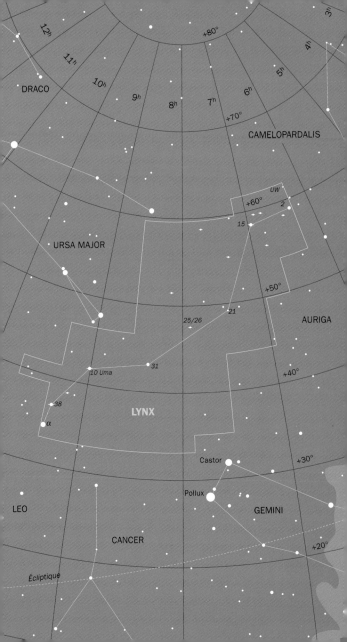

LYRA

Lyrae • Lyr • La Lyre

QUELQUES CHIFFRES

SUD À 22:00 TU :
1er août

RÉGION :
(52e) 286 degrés carrés

ÉTOILES DOUBLES :
δ, ε, ζ

ÉTOILE VARIABLE :
β

MÉTÉORES :
Lyrides, 19-25 avr.
max. 22 avr.

Cette constellation n'est pas bien grande, mais elle contient Vega, brillante étoile blanche de magnitude 0,03, l'une des étoiles du Triangle de l'Été avec Deneb dans le Cygne et Altaïr dans l'Aigle. La constellation elle-même est censée représenter la lyre mythique d'Orphée, ou celle d'Arion *(page 204)* qu'un dauphin sauva de la noyade.

β Lyrae est une étoile variable célèbre qui passe d'une magnitude de 3,3 à 4,3, avec une période de 12,9 jours. Elle est composée de deux étoiles dont les orbites sont si rapprochées que les étoiles subissent des déformations et s'éclipsent l'une l'autre régulièrement, ce qui provoque des variations d'éclat.

Les observateurs dont l'acuité visuelle est excellente, peuvent constater que δ Lyrae est une double optique, composée de δ^1, étoile blanc bleuâtre de magnitude 5,6, éloignée de 1 080 années-lumière, et δ^2, géante rouge de magnitude 4,2, à 900 années-lumière.

ε Lyrae est la célèbre « double-double », étoile quadruple dont chaque composante, visible à l'œil nu, ε^1 et ε^2, respectivement de magnitudes 4,7 et 4,6, peut être dédoublée grâce au télescope. ζ Lyrae est une grande double, de magnitude 4,4 et 5,7.

Couleurs et températures des étoiles

Rigel	Bleu-blanc	11 550
Vega	Blanc	9 960
Soleil	Jaune	5 800
Arcturus	Orange	4 420
Bételgeuse	Rouge	3 450

QUELQUES CHIFFRES [Oph]

SUD À 22:00 TU :
10 juil.

RÉGION :
(11e) 948 degrés carrés

ÉTOILES DOUBLES :
ρ

AMAS OUVERTS :
NGC 6633, IC 4665

AMAS GLOBULAIRES :
M9, M10, M12, M14, M19, M62

QUELQUES CHIFFRES [Ser]

SUD À 22:00 TU :
5 juil. (Caput)
10 août (Cauda)

RÉGION :
(23e) 637 degrés carrés

ÉTOILE DOUBLE :
β

AMAS GLOBULAIRE :
M5

OPHIUCHUS
Ophiuchi • Oph • Le Serpentaire • Le Porteur de serpent

SERPENS
Serpentis • Ser • Le Serpent

Le Serpentaire est une ancienne constellation, représentant Asclépios, le dieu grec de la médecine. (Le serpent qu'il porte, enroulé autour d'un bâton, est encore le symbole de la profession médicale.) Bien que la constellation contienne une grande section de l'écliptique, elle n'est pas souvent reconnue comme constellation zodiacale. Le Serpent est la seule constellation en deux parties : Serpens Caput (à l'ouest), la « tête », et Serpens Cauda (à l'Est), la « queue ».

Le Serpentaire, proche du centre de la Voie lactée (dans le Sagittaire), contient de nombreux amas globulaires. M9, M10, M12, M14, M19 et M62 sont tous visibles avec des jumelles, de même que M5 dans le Serpent, que beaucoup placent en deuxième position derrière M13 dans Hercule.

Deux amas ouverts, contenant tous deux environ 30 étoiles, se trouvent dans la partie nord-est du Serpentaire, NGC 6633 et IC 4665.

ρ Oph est un système triple, visible avec des jumelles : une étoile de magnitude 5,0 (en fait double, l'autre étoile n'étant visible qu'au télescope), et ses compagnons très espacés, de magnitude 6,7 et 7,3. β Ser (magnitude 3,7) est une grande double avec une étoile de magnitude 6,7 au Nord.

QUELQUES CHIFFRES

SUD À 22:00 TU :
30 janv.

RÉGION :
(26ᵉ) 594 degrés carrés

ÉTOILE DOUBLE :
δ

ÉTOILE VARIABLE :
α

NÉBULEUSE :
M42

MÉTÉORITES :
Orionides

ORION

Orionis • Ori • Orion

Orion est une constellation spectaculaire, bien que son élément le plus connu, la Grande Nébuleuse d'Orion, M42, n'apparaisse à l'œil nu que sous la forme d'une tache floue. Dans de bonnes conditions et avec des jumelles, il est possible d'en deviner la structure. Le vaste nuage de poussière et de gaz forme une gigantesque « nursery » qui contient de nombreuses étoiles jeunes. Observé à travers les jumelles, il paraît coloré de vert mais les photographies, même avec une courte exposition, révèlent une teinte rose très nette, se détachant par rapport aux diverses couleurs des étoiles.

Bételgeuse, α Ori, est une énorme étoile supergéante rouge, faisant environ 800 fois le diamètre du Soleil. Bételgeuse est variable, de magnitude 0,3 à 1,2, et montre parfois une périodicité de 2 335 jours (approximativement 7 ans). Rigel, β Ori, est une supergéante brillante, bleu-blanc, 50 000 fois plus lumineuse que le Soleil. Alnilam, ε Ori, est une étoile très semblable mais qui, plus lointaine, apparaît plus faible.

δ Ori (Mintaka) se trouve un peu en dessous de l'équateur céleste. C'est une grande double formée d'une étoile blanc bleuâtre brillante de magnitude 2,3, et d'une autre étoile de magnitude 6,8. σ Ori est en fait un système multiple, mais les jumelles ne révèlent que la primaire de magnitude 3,8 et un compagnon de magnitude 6,7.

PEGASUS

Pegasi • Peg • Pégase

J	F	M	A	M	J
J	A	S	O	N	D

QUELQUES CHIFFRES

SUD À 22:00 TU :
20 oct.

RÉGION :
(7ᵉ) 1121 degrés
carrés

ÉTOILES DOUBLES :
ε, π

AMAS GLOBULAIRE :
M15

Bien qu'une de ses étoiles fasse en fait partie d'Andromède, le Grand Carré de Pégase est très facile à reconnaître, pour la simple raison qu'il existe fort peu d'étoiles dans cette région du ciel, bien que Pégase soit une grande constellation. Pour vérifier si les conditions sont favorables à l'observation, comptez les étoiles à l'intérieur du Grand Carré. Si les conditions sont réellement bonnes, vous pourrez en voir 12 ou 13.

Enif, ε Peg, représentant le nez de Pégase, est une étoile supergéante jaune, de magnitude 2,4. Avec des jumelles d'excellente qualité, vous pourrez apercevoir son large compagnon (magnitude 8,4). π Peg, proche du Lézard, est une large double formée de π¹, une géante

jaune (magnitude 5,6) et π², une géante blanche, (magnitude 4,3).

Comme pour compenser le manque d'étoiles, M15 est un remarquable amas globulaire, non loin d'Enif. Vous pourrez tout juste l'apercevoir à l'œil nu, mais il est beaucoup plus distinct avec des jumelles. Il se trouve à une très grande distance, 30 600 années-lumière.

PERSEUS

Persei • Per • Persée

QUELQUES CHIFFRES

SUD À 22:00 TU :
30 déc.

RÉGION :
(24ᵉ) 615 degrés carrés

ÉTOILE VARIABLE :
β

AMAS OUVERTS :
η, χ

MÉTÉORITES :
Perséides

Persée, le héros légendaire, décapita Méduse, l'horrible Gorgone dont le regard changeait en pierre les hommes qui la fixaient. Quand il vit Andromède enchaînée *(page 168)*, sur le point d'être dévorée par un monstre marin, il pétrifia ce dernier en lui présentant la Gorgone. Persée est représenté portant la tête de Méduse, indiquée par l'étoile Algol (mot arabe signifiant « le Démon »), β Per. Cette étoile est une célèbre binaire à éclipse. Tous les 2,87 jours, l'étoile faible passe devant l'étoile brillante et les deux magnitudes associées montent de 2,1 à 3,4, pendant environ 10 heures.

ρ Per, au sud d'Algol, est une autre variable, semi-régulière, variant entre une magnitude de 3,3 et de 4,0, en montrant parfois une période de 50 jours environ.

L'autre célèbre objet de Persée est l'Amas double, η et χ Persei, que vous trouverez en suivant le « bras » supérieur vers Cassiopée. Appelés aussi NGC 869 et NGC 884, ces amas sont visibles à l'œil nu, chacun recouvrant une surface de la taille de la Lune environ. Avec des jumelles, on peut voir de nombreuses étoiles. NGC 869 (le plus près de Cassiopée) est plus brillant et contient environ 200 étoiles. NGC 884 possède environ 150 étoiles. Tous deux sont relativement jeunes (à l'échelle astronomique), NGC 869, 6 millions d'années et NGC 884, 3 millions. Ils se trouvent respectivement à 7 500 et 7 100 années-lumière.

PISCES

Piscium • Psc • Les Poissons

Les illustrations de cette constellation la représentent sous la forme de deux poissons, attachés ensemble par deux rubans noués autour de leur queue, le nœud reliant les deux rubans étant indiqué par Alrescha (« la corde » en arabe), α Psc, à l'extrémité Est de la constellation. Le poisson occidental est marqué par un anneau d'étoiles, appelé « Le Petit cercle » sous le Grand Carré de Pégase. Le poisson oriental, sous Andromède, est moins distinct.

L'équinoxe de printemps *(page 24)* se trouve maintenant dans les Poissons et le point d'intersection de l'écliptique et de l'équateur céleste est juste au Sud de l'étoile ω Psc.

Avec des jumelles, κ Psc se révèle une double apparente, formée d'étoiles de magnitude 4,9 et 6,3. Une double quelque peu semblable, est formée par ρ Psc, étoile blanche de magnitude 5,4 et la géante orange 94 Psc, de magnitude 5,5.

TX Psc, également appelée 19 Psc, est une étoile très rouge, visible à l'œil nu. Elle varie irrégulièrement entre une magnitude de 4,8 et de 5,2.

J F M A M J
J A S O N D

QUELQUES CHIFFRES

SUD À 22:00 TU :
5 nov.

RÉGION :
(14e) 889 degrés carrés

ÉTOILES DOUBLES :
κ, ρ

ÉTOILE VARIABLE :
TX

J	F	M	A	M	J
J	A	S	O	N	D

SAGITTA
Sagittae • Sge • La Flèche

VULPECULA
Vulpeculae • Vul • Le Petit Renard

Ces deux petites constellations se trouvent dans une région très riche de la Voie lactée. Quand le ciel est clair, tant d'étoiles sont visibles avec les jumelles qu'il est parfois difficile de reconnaître celles que vous cherchez à localiser.

Entre γ et δ Sge, se trouve M71, amas globulaire relativement pauvre en étoiles. Au nord de γ Sge dans Vulpecula, se trouve M27, la Nébuleuse Haltère, visible avec des jumelles sous forme d'une tache floue. Les jumelles révèlent aussi α Vul, géante rouge (magnitude 4,4) formant une large double avec 8 Vul, géante orange de magnitude 5,8.

QUELQUES CHIFFRES [Sge]

SUD À 22:00 TU :
20 août

RÉGION :
(86e) 80 degrés carrés

AMAS GLOBULAIRE :
M71

QUELQUES CHIFFRES [Vul]

SUD À 22:00 TU :
15 août

RÉGION :
(55e) 268 degrés carrés

NÉBULEUSE :
M27

Nébuleuses gazeuses les plus brillantes

NGC 7000 (Cygne)	M42 (Orion)	M8 (Sagittaire)
M17 (Sagittaire)	M27 (Petit Renard)	

QUELQUES CHIFFRES

SUD À 22:00 TU :
30 juil.

RÉGION :
(15e) 867 degrés carrés

AMAS OUVERTS :
M23, M24, M25

AMAS GLOBULAIRES :
M22, M28, M55

NÉBULEUSES :
M8, M17

SAGITTARIUS
Sagittarii • Sgr • Le Sagittaire

Cette ancienne constellation représente un centaure (mi-homme, mi-cheval), mais contrairement à la constellation australe du Centaure, elle a toujours été illustrée par un archer. Le Soleil se trouvant dans cette constellation au solstice d'hiver, elle est très facile à distinguer six mois plus tard, pendant les courtes nuits estivales. Certaines parties de la constellation, comme β Sgr, étoile double visible à l'œil nu, ne peuvent être vues qu'en Europe méridionale.

Le centre de la galaxie de la Voie lactée se trouvant dans le Sagittaire, cette dernière est exceptionnellement riche en étoiles et en amas d'étoiles, et ne comporte pas moins de 15 objets du catalogue de Messier. Ce champ d'étoiles et les sombres nébuleuses forment un merveilleux spectacle.

M24 est un petit amas ouvert se trouvant dans un champ d'étoiles extrêmement dense. On observe d'autres amas ouverts : M25 (environ 30 étoiles) et M23, plus dense, mais à la limite des jumelles. L'amas globulaire le plus remarquable est M22, visible à l'œil nu et l'un des plus beaux du ciel. Il y a deux autres amas globulaires, M28 et M55, mais ce dernier est très faible, même avec des jumelles.

Le Sagittaire contient aussi quelques nébuleuses gazeuses importantes, en particulier M8 (Lagune), tout juste visible à l'œil nu, et M17 (Oméga). Toutes deux sont des nuages de gaz rendus lumineux par les étoiles qui y sont incluses.

QUELQUES CHIFFRES

SUD À 22:00 TU :
1er juil.

RÉGION :
(33e) 497 degrés carrés

ÉTOILE DOUBLE :
ω

AMAS OUVERTS :
M6, M7

AMAS GLOBULAIRES :
M4, M80

SCORPIUS
Scorpii • Sco • Le Scorpion

Le Scorpion représente l'animal qui tua Orion. C'est pourquoi il se trouve à l'opposé dans le ciel et se lève lorsqu'Orion se couche. À l'origine, la constellation était beaucoup plus grande, comprenant la région appelée aujourd'hui la Balance, qui formait les pinces. Le Soleil passe moins de temps dans le Scorpion que dans tout autre constellation zodiacale. Malheureusement, les étoiles situées au Sud (la queue et l'aiguillon) sont très basses, ou sous l'horizon pour la plus grande partie de l'Europe.

Comme le Sagittaire, le Scorpion se trouve dans une région encombrée de la Voie lactée. Son étoile la plus notable est Antarès (« rivale de Mars »), supergéante rouge légèrement variable, de 400 fois la taille du Soleil, qui se trouve à une distance de 185 années-lumière.

M4 est un grand amas globulaire à l'ouest d'Antarès, dont le centre n'est pas très dense. Visible avec des jumelles, il est cependant assez flou et assez difficile à voir. Il se trouve à 6 800 années-lumière. M80 est plus dense et aussi visible que M14, bien qu'il soit plus éloigné, à 27 000 années-lumière.

M6 (Amas Papillon) est un riche amas ouvert qui, à travers les jumelles, révèle quelques étoiles individuelles. M7, un peu plus au Sud, est si grand qu'il est visible à l'œil nu et peut lui aussi, être décomposé par les jumelles en étoiles séparées.

ω Sco est une double visible à l'œil nu, composée de ω^1, étoile bleu-blanc de magnitude 3,9, et ω^2, jaune, de magnitude 4,3 et plus proche.

J	F	M	A	M	J
J	A	S	O	N	D

QUELQUES CHIFFRES

Sud à 22:00 TU :
1er août

Région :
(84e) 109 degrés carrés

Étoile variable :
R

Amas ouvert :
M11

SCUTUM
Scuti • Sct • L'Écu de Sobieski

Cette toute petite constellation du riche champ d'étoiles de la Voie lactée, fut inventée en 1684 par Hevelius, sous le nom de Scutum Sobiescianum, l'Écu de Sobieski, en l'honneur de son protecteur. Étoile visible à l'œil nu, δ Sct, est le prototype d'une classe d'étoiles variables, qui changent sur des périodes de quelques heures. Les variations sont trop faibles pour être détectables visuellement.

L'Écu de Sobieski contient une autre variable notable, R Sct, étoile rouge semi-régulière, qui passe d'une magnitude de 5,0 à une magnitude de 8,4, et présente des maximums doubles caractéristiques (deux maximums séparés par un affaiblissement peu marqué, puis suivis par un affaiblissement plus marqué). Elle est régulièrement observée par les astronomes amateurs.

M11, le Canard Sauvage, est un amas en forme d'éventail (d'où son nom). C'est l'un des amas ouverts les plus denses. Une étoile n'appartenant pas à l'amas, se trouve au premier plan, près de l'apex de l'éventail.

QUELQUES CHIFFRES

Sud à 22:00 TU : 25 avril

Région : (47ᵉ) 314 degrés carrés

SEXTANS

Sextantis • Sex • Le Sextant

Le Sextant (à l'origine le Sextant d'Uranie) est une constellation qui fut inventée par Hevelius, en 1687. Un peu comme le Lynx et le Petit Lion, elle est dédaignée par beaucoup d'astronomes. En fait, elle est si proche de l'écliptique que les planètes traversent souvent ses limites pendant une courte période.

Ses étoiles sont encore plus faibles que celle du Lynx, la plus brillante (α) ne dépassant pas une magnitude de 4,5.

TAURUS

Tauri • Tau • Le Taureau

Le Taureau est une très ancienne constellation, associée à cet animal dans plusieurs mythologies. Elle contient deux remarquables amas ouverts, les Hyades et les Pléiades, ainsi que l'étoile géante Aldébaran, si relativement proche (65 années-lumière) et brillante (magnitude de 0,9) que sa teinte orangée est aisément visible.

Les Hyades sont si proches que les étoiles apparaissent bien séparées même à l'œil nu, formant un « V » près d'Aldébaran (qui ne fait pas partie de l'amas). À cause de leur proximité (150 années-lumière en moyenne), leur distance peut être mesurée de façon très précise et elles constituent une étape importante pour établir l'échelle des distances cosmiques.

Les Pléiades, M45 (les Sept Sœurs), sont un peu plus éloignées (entre 360 et 400 années-lumière). Elles forment un amas de jeunes étoiles bleues, de 78 millions d'années. Six des sept étoiles principales sont visibles à l'œil nu, et l'on peut parfois en apercevoir neuf. En fait, l'amas entier contient environ 500 étoiles. C'est un spectacle magnifique, visible avec des jumelles.

Le Taureau contient de nombreuses étoiles doubles. θ est une double visible à l'œil nu : θ^1, blanche, de magnitude 3,8, θ^2, jaune, de magnitude 3,4, la plus brillante des Hyades. κ^1 et κ^2 Tau sont des étoiles blanches de magnitude 4,2 et 5,3 respectivement. La dernière est parfois appelée 67 Tau, et toutes deux font partie de l'amas des Hyades, de même que σ^1 et σ^2, une autre double formée de deux étoiles blanches, de magnitude 5,1 et 4,7.

ζ Tau est une étoile binaire à éclipse, semblable à Algol (*page 230*) qui varie entre 3,4 et 3,9 de magnitude, avec une période de 3,95 jours.

J	F	M	A	M	J
J	A	S	O	N	D

QUELQUES CHIFFRES

SUD À 22:00 TU :
30 déc.

RÉGION :
(17e) 797 degrés carrés

ÉTOILES DOUBLES :
κ, θ, σ

ÉTOILE VARIABLE :
λ

AMAS OUVERTS :
Hyades, M45

MÉTÉORITES :
Taurides

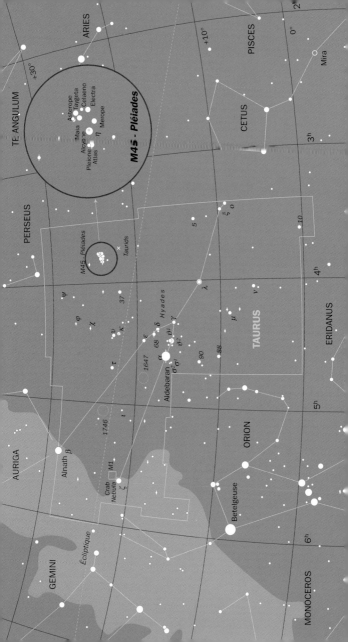

Ursa Major

Ursae Majoris • Ursa •

La Grande Ourse

J	F	M	A	M	J
J	A	S	O	N	D

QUELQUES CHIFFRES

SUD À 22:00 TU :
15 avr.

RÉGION :
(3ᵉ) 1 280 degrés carrés

ÉTOILE DOUBLE :
ζ

GALAXIES :
M81, M82, M101

De nombreuses cultures ont associé cette constellation à un ours. On croit généralement que la constellation n'est composée que des sept étoiles les plus brillantes qui forment la « Casserole », mais en fait elle s'étend sur une très grande région du ciel. Comme elle est assez éloignée du plan de la Voie lactée, elle contient de nombreuses galaxies, mais la plupart sont trop faibles pour être visibles sans un grand télescope.

L'objet céleste le plus célèbre de la Grande Ourse est sans aucun doute Mizar, ζ UMa (magnitude 2,3). Si vous avez de bons yeux, vous vous apercevrez qu'elle forme avec Alcor (magnitude 4,0), une étoile apparemment double, Les deux étoiles étant néanmoins à des distances légèrement différentes (78

et 81 années-lumière respectivement), elles ne constituent pas une paire liée. Mizar cependant, est une vraie binaire avec un compagnon de magnitude 4.0. Par une étrange coïncidence, ces deux étoiles et Alcor se révèlent être des binaires extrêmement proches, si bien que le groupe comporte en fait six étoiles.

M81 est une galaxie spirale, trop faible (magnitude 6,9) pour être vue à l'œil nu, mais visible avec des jumelles. Le même champ contient aussi M82, souvent décrite comme une galaxie irrégulière, mais qui est en fait une spirale inhabituelle. À l'autre extrémité de la constellation se trouve M101, troisième galaxie spirale, presque aussi grande que la Lune, mais difficile à voir avec des jumelles à cause de son manque d'éclat.

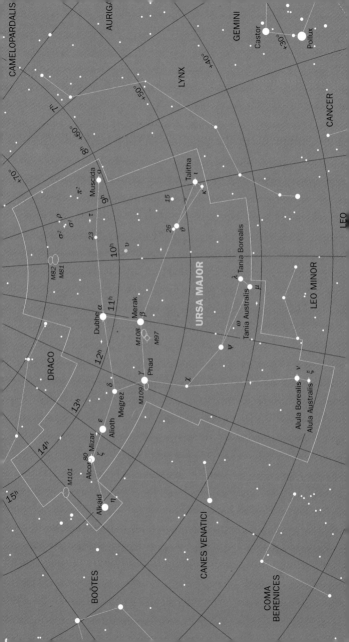

J	F	M	A	M	J
J	A	S	O	N	D

QUELQUES CHIFFRES

SUR LE MÉRIDIEN À 22:00 TU :
5 mai

RÉGION :
(56ᵉ) 256 degrés carrés

ÉTOILES DOUBLES :
γ, η

ÉTOILES VARIABLES :
α

URSA MINOR
Ursae Minoris • UMi •
La Petite Ourse

Cette constellation a probablement été baptisée vers 600 avant J.-C., par le célèbre astronome grec, Thalès de Milet. L'Étoile polaire, par sa position si proche du pôle Nord céleste, fut extrêmement importante pour les marins et les voyageurs de l'Antiquité. Au XVIᵉ siècle, on baptisa la constellation « Cynosura » (dérivé du mot grec signifiant « chien avec queue »), d'où vient l'expression anglaise « the cynosure of all eyes » (le point de mire de tous les yeux), s'appliquant à quelque chose qui attire constamment l'attention.

L'Étoile polaire, α UMi, est une supergéante jaune et une forme de Céphéide variable *(page 194)*. Son amplitude a beaucoup diminué récemment, peut-être parce qu'elle arrive à la fin de son stade variable.

La constellation possède deux larges doubles apparentes, mais ni l'une, ni l'autre ne sont de vraies binaires. γ UMi, Pherkad, est une géante blanche (magnitude 3,0), éloignée de 480 années-lumière. À l'œil nu ou avec des jumelles, vous pouvez apercevoir 11 UMi, géante orange (magnitude 5,0), un peu moins éloignée (390 années-lumière).

VIRGO
Virginis • Vir • La Vierge

| J | F | M | A | M | J |
| S | A | S | O | N | D |

QUELQUES CHIFFRES

SUD À 22:00 TU :
5 mai

RÉGION :
(2ᵉ) 1294 degrés carrés

GALAXIES :
M49, M84, M86, M87

La Vierge, deuxième plus grande constellation du ciel (après l'Hydre) a souvent été associée à la déesse de la fertilité. Pour les Babyloniens, elle était Ishtar, pour les Grecs, Déméter, et pour les Romains, Cérès (ou Astraea, la déesse de la justice). Le nom de sa plus brillante étoile, Spica, α Vir, signifie « épi de blé ». Bien qu'elle contienne un grand nombre de galaxies externes dans ce que l'on appelle l'Amas de la Vierge, la plupart sont trop faibles pour révéler quelques détails, même avec les plus grands instruments d'amateur. Pour une constellation si importante, la Vierge contient curieusement peu d'objets célestes intéressants.

Spica elle-même est une étoile brillante bleu-blanc, à une distance de 262 années-lumière. Elle est formée en fait de deux étoiles si proches qu'elles subissent une déformation, en produisant une variation d'éclat légère (et indécelable visuellement) dans leur orbite mutuelle.

Quelques galaxies sont assez brillantes pour être distinguées à travers les jumelles, sous forme de taches floues. M49 est probablement la galaxie la plus brillante de la Vierge. C'est un système elliptique géant. M84 et M86, également des galaxies elliptiques, sont rapprochées. M87 n'est pas aussi brillante que M49, mais c'est une galaxie elliptique gigantesque et l'une des plus massives répertoriées, contenant peut-être 10 fois plus de matériaux que notre propre Galaxie spirale.